新\时\代\中\华\传\统\文\化
知识丛书

中华传统蒙学

主编 李燕 罗日明

应急管理出版社
·北京·

图书在版编目（CIP）数据

中华传统蒙学/李燕，罗日明主编．－－北京：应急管理出版社，2022

（新时代中华传统文化知识丛书）

ISBN 978－7－5020－9130－9

Ⅰ.①中… Ⅱ.①李… ②罗… Ⅲ.①古汉语—启蒙读物 Ⅳ.①H194.1

中国版本图书馆 CIP 数据核字（2021）第 236334 号

中华传统蒙学（新时代中华传统文化知识丛书）

主　　编	李　燕　罗日明
责任编辑	高红勤
封面设计	郑广明
出版发行	应急管理出版社（北京市朝阳区芍药居 35 号　100029）
电　　话	010－84657898（总编室）　010－84657880（读者服务部）
网　　址	www.cciph.com.cn
印　　刷	北京市兆成印刷有限责任公司
经　　销	全国新华书店
开　　本	710mm×1000mm $^1/_{16}$　印张　7　字数　96 千字
版　　次	2022 年 3 月第 1 版　2022 年 3 月第 1 次印刷
社内编号	20211274　　　　　　　　定价　29.80 元

版权所有　违者必究

本书如有缺页、倒页、脱页等质量问题，本社负责调换，电话:010－84657880

序 言

中华传统文化，是古人几千年来智慧和经验的结晶。中华传统蒙学，则是其中充满着童趣和人性的部分。它为传统文化奠定了最坚实的根基，为中华民族的教育事业注入了非凡的活力。

早在几千年前，孔子就有"性相近，习相远"的思考。所谓"性"，就是人之本性，是生命的内在本质；而"习"，指的则是生命受到外界环境的影响而发生的一系列变化。所以，孔子所倡导的教育始终是围绕着人性展开的，意图在于通过正向的引导，让人性产生一系列正向的反应，从而达到好的效果。而这种对人性的引导，古人从孩子的儿童时期就已经开始重视了，也就是所谓的"蒙以养正"。

在古代社会，蒙学及作为其核心的蒙学书籍对古人，尤其是少儿的人格培养、品德形成以及早期学习、生活有着至关重要的引导作用。

古代儿童开蒙、接受教育的年龄一般在四岁左右。蒙学教育的基本目标是让儿童学习基本的生活常识，养成良好的学习习惯，懂得基本的道德伦理规范，并逐渐具备一定的认字、书写、作诗的能力。

有了这些知识和能力作为基础，孩子们就能够逐渐开展自我学习、自我探索，从而对现实社会认知更为深刻，对自己的人生有更明确的规划。即使达不到这两点，也能在行为举止上有所规范，在道德修养上有所提高。

对于当代人而言，传统蒙学依然有其独特的价值。通过对蒙学的了解，我们可以走近符合自然天道、富于礼乐文化的古代人文日常，通过教育感受古代的人文风俗；通过对蒙学的了解，我们可以学习到优秀的文化、礼仪、历史、诗歌等知识，体会传统文化的博大精深；通过对蒙学的了解，我们会更加懂得道德修养的重要性，从古代难以计数的榜样身上感受美好品德的魅力，同时也督促自己向其学习，努力成为一个德才兼备的人。

中华优秀传统文化积淀着中华民族最深沉的精神追求，代表着中华民族独有的精神标识，是我们的根，我们的魂。启蒙教育作为教育体系中极为重要的一环和儿童成长学习的基础，更应该重视传统文化的积极作用，充分发挥它的教育意义。

如果说教育的最终目的是培养德、智、体、美、劳全面发展的优秀人才，那么启蒙教育就是实现这一目标的起点。将传统蒙学的优秀内容融入当代启蒙教育中，吸收其精彩绝伦的教育思想，借鉴其宝贵的教学方法和经验，结合现代化的教育手段，使得教学育人与传统文化的传播紧密结合，祖国未来的花朵才能够在几千年厚重的文化底蕴中茁壮成长，成为合格的社会主义接班人。

目　录

第一章　承载着中华文化奥秘的蒙学

一、蒙学与传统文化 / 002
二、蒙学的起源和发展 / 005
三、古代蒙学的特点 / 009
四、传统蒙学的教育理念 / 012
五、传统蒙学的教育方法 / 015

第二章　蒙学教育：孩童的精神食粮

一、塾师：已消失的传统启蒙者 / 020
二、传统蒙学教材的发展 / 023
三、传统蒙学教材的特点 / 026
四、研究蒙学教育的意义 / 029
五、传统蒙学对当代教育的影响 / 031

第三章　字：识字教育与基础知识

一、最浅显易懂的蒙学教材——《三字经》/ 036
二、中国姓氏大全——《百家姓》/ 039
三、熔各类知识于一炉的《千字文》/ 041
四、古人的识字课本——《急就篇》/ 044
五、哲理至深的《四字经》/ 047
六、古代佳句锦集——《增广贤文》/ 049

第四章　礼：道德教育与处世哲学

一、《弟子规》：古代儿童日常生活规范 / 054
二、《朱子家训》：古代家庭德育范本 / 057
三、《菜根谭》：儒家经典语录荟萃 / 059
四、以孝道为核心的《童蒙训》/ 062
五、古之学生守则：《弟子职》/ 064
六、《霍渭厓家训》的现实意义 / 066
七、以方言俗语写成的《女小儿语》/ 068

1

第五章　韵：声律知识与诗歌选本

一、《声律启蒙》：儿童声韵格律训练的启蒙教材 / 072
二、《笠翁对韵》：讲述对仗、用韵的书籍 / 075
三、《千家诗》——唐宋名家名篇 / 077
四、《神童诗》：五言绝句诗集 / 079
五、《金璧故事》：作诗及楹联教学 / 081

第六章　史：历史知识与思想引导

一、国学经典启蒙读本《孝经》/ 084
二、《蒙求》：讲述人物故事的书籍 / 087
三、《十七史蒙求》：历史典故书籍 / 089
四、小学生的趣味读物《龙文鞭影》/ 091
五、浓缩型纪传体历史读本——《五字鉴》/ 093
六、流行于书院、村塾的《四字鉴略》/ 095

第七章　杂：常识教育与知识科普

一、儒家士子入门读本——《小学》/ 098
二、值得称道的常识教材——《名物蒙求》/ 100
三、心性修养手册——《幼仪杂箴》/ 102
四、《幼学琼林》——中国古代百科全书 / 104

第一章

承载着中华文化奥秘的蒙学

一、蒙学与传统文化

何为蒙学？它与传统文化又有什么样的关系？在深入了解蒙学之前，这两个问题是我们首先需要解决的。

"蒙学"一词，最早源自晚清教育家孙诒让，以清光绪年间使用为多。至今，"蒙学"一词已经历了百余年的时间，而在这期间，蒙学的具体所指也经历了一系列的历史发展变化，在不同的阶段都有特定的内涵。

《辞海》解释，"蒙学"即"蒙馆"，说它是"中国旧时对儿童进行启蒙教育的学校"。

清光绪年间，初等教育机构中设定了蒙学堂，也称蒙馆，因此这一时期的"蒙学"就是指进行启蒙教育的场所。

这种解释实际上是把蒙学的概念狭隘化了。广义上来说，蒙学是一个特定层次的教育，是对传统幼儿启蒙教育的统称，而非一种机构或一个建筑这么单薄。蒙学，又称"开蒙""发蒙""训蒙"，也就是启蒙之学。《周易·序卦》曰："物生必蒙，故受之以《蒙》。蒙者，蒙也，物之稚也。"《周易·蒙卦》曰："蒙以养正，圣功也。"意思是，万物刚生下来的时候，都是蒙昧的，所以接下来是《蒙》卦。"蒙"的意思就是蒙昧，也就是万物在稚小的时候。对处于蒙昧、懵懂之中的人或物进行正确的引导，使其走上正道，其中的功德堪比圣人。可见，在中华文明的早期，古人就已经对启蒙教育非常重视了。

后人因此将儿童早期教育称为"蒙学教育"。

而我们在这里所说的、所要了解的蒙学，就是指古代儿童的蒙学教育。它不仅包含了教育机构、教育组织和教育场地，也包含教学的目的、教学的内容、教学的原则和方法、教学的主体和对象等内容，是一个非常丰富且广义的概念。

在古代儿童的蒙养教育中扮演着极其重要角色的，非蒙学教材莫属，可以说，蒙学教材撑起了蒙学的半边天。蒙学也因此成为中华传统文化的重要组成部分。蒙学与传统文化的紧密关系，可以从传统启蒙教育的内容、教学特点和广泛影响中获得印证。

清代学者郭臣尧曾作过一首名为《村学诗》的诗歌，原诗为"一阵乌鸦噪晚风，诸生齐逗好喉咙。赵钱孙李周吴郑，天地玄黄宇宙洪。《千字文》完翻《鉴略》，《百家姓》毕理《神童》。就中有个超群者，一日三行读《大》《中》"。

这首诗讲的是傍晚时分，即将结束一天学习的孩子们最后一遍朗读课文的情景。它生动形象地展现了中国传统蒙学的课堂状态，并对教学内容以及教学方式作了很清楚的描述。

"赵钱孙李周吴郑，天地玄黄宇宙洪。《千字文》完翻《鉴略》，《百家姓》毕理《神童》"这几句将孩子们所读的内容进行了概括，分别是《百家姓》《千字文》《鉴略》和《神童诗》。这几本有代表性的蒙学读物也是我国古代优秀的典籍。

我国瀚如烟海的古代文献，大都体现历代文人学者的思想情感，其中的优秀之作，可看作是知识阶层思想感情的结晶，折射出的是时代的发展变化和作者在当时社会环境下的价值取向。很多童蒙类书籍也具备这样的特点。如以讲述历史为主的《鉴略》在传达历史知识的同时，也会给出"暴政不得人心""以德报怨"之类的观点；宋代朱熹所著的《小学》极力宣扬孔孟之道，教导人们要明伦理、修德行；明代洪应明所著的《菜根谭》在儒家思想之外，也深刻地体现了道家的无为精神……这些不都是传统文化的内容吗？

除此之外，蒙学还对儿童作音韵格律方面的训练，传授他们一些简单的品鉴、创作文章的方法，这些都有利于儿童学习和感受传统文化的博大精深，进而对其进行传承和发扬。

总之，蒙学与传统文化是紧密相关的，蒙学教育既是古代教育的起步阶段，是古人素质提升的重要前提，也是促进传统文化发展的重要保障。

二、蒙学的起源和发展

从某种程度上来说，早教的普及是和社会发展的程度密切相关的。只有在基本生活需求得到满足之后，人们才有更多的精力投入到教育中，更注重对孩子的早期教育。

"蒙学"，取"开蒙"之意，其源头可上溯至原始社会时期。《白虎通·德论》卷一记载，"教民熟食，养人利性，避臭去毒"，这就是最初的教化，目的在于让人"开蒙"。

在遥远的上古时期，人们的生活环境是非常复杂和险恶的，而科技文明的发展尚在摇篮之中。在原始本能的驱使下，先人们会将自己的生活经验和生存技能传递给后辈，告诉他们怎样选择食物、如何除臭避害等。当然，这一阶段的"蒙学"只有"开蒙"而无现代意义上的"教育"之意。

启蒙教育的正式出现是从商周时期开始的，先秦礼制的《礼记》和《大戴礼记》中对此均有所描述。

如《礼记·内则》说："子能食食，教以右手。"说的是在孩子刚刚能自己吃饭时，教会他使用右手。这是行为规范，也属于启蒙教育的范畴。

《礼记·内则》中还有"十年，出就外傅，居宿于外，学书计"的记载，《大戴礼记·保傅》中也有"古者年八岁而出就外舍，学小艺焉，履小节焉"。这些讲的都是商周时代儿童外出求学的经历，有的十岁出去拜师，有的则八岁就要去学艺。

此外，根据史料记载和考证，我国夏代时就已经建立了学校。到了商代，学校有了国学和乡学之分，国学又分右学和左学，左学与乡学实施的是小学性质的教育。西周时期学校已经有完备的制度，这时候的早期教育也能够按照儿童不同年龄阶段提出不同的要求。贵族子弟会先经家庭教育再进入学校，他们从小在家庭中接受基本的生活技能和习惯教育，然后再学习初步的礼仪，接触数、方位、时间等概念。至于王室宗亲的子弟，他们的启蒙教育就更为系统了。统治阶级专门为王室宗亲的幼子建立了"孺子室"进行学习，实施更为系统的早教，这便是最早的幼儿园的雏形。

由此也可以看出，古代教育质量的高低直接和社会地位挂钩。早期的正统启蒙教育在大多数情况下都是以私学的形式出现的，算是一种私有教育方式，只有上层社会才能享受。

到了春秋战国时期，伴随着学术氛围的日渐浓厚和思想文化的繁荣，启蒙教育也有了进一步的发展，很多有学识的父母已经开始更深层次地去看待孩子的教育问题。例如我们熟悉的"孟母三迁"的故事，讲述的正是孟母对教育环境的重视。

秦汉魏晋时期是我国古代蒙学的发展期，以识字教育为主。

自灭六国后，秦为了巩固自身的统治，使用暴力控制言论和学术研讨，废除官学，也禁止私学，因而这一时期的蒙学发展是较为缓慢的。到了汉代，蒙学受到了极大的重视。汉代称蒙学为"书馆""学馆"或"书舍"，多属私学性质，规模极大，可容纳众多学子，儿童一般八九岁入学，没有固定的修业年限。

第一章 承载着中华文化奥秘的蒙学

东汉至魏晋南北朝是极为混乱的时期，但同时也为学术文化的发展创造了机会，使得蒙学也有了进一步发展。这一阶段的蒙学主要有两种形式，一是以基础识字教育为主的"学馆"，一是进行初步经书教育的"乡塾"。东汉邓太后为破除皇家子弟"饱食终日，无所用心"的不良风气，还首创了古代第一所"幼儿园"——邸第，专门供教育皇室子女所用。

唐代是史上难得的盛世，也是古代早教的兴盛时期。即使以现在的眼光来看，唐代的早教系统也可看作是趋于成熟了。由上及下来说，当时的皇室子弟，特别是皇位继承人已经有了专门的教导人员，京师各州县设立了官方小学供贵族子弟学习，地方民间则有乡学、乡塾等。同时由于对外交流的频繁，一些国外的育儿著作也传入国内，为中国的早教史带来了一定程度的革新。

由宋至清，是蒙学发展逐渐至顶峰的时期，这段时期的蒙学多以三纲五常、道德规范和知识教育为主要内容。

随着经济的不断发展，宋朝的学术著作及文化传承比较自由化，相对于唐朝，宋朝对蒙学教育更为重视，当时的政府曾多次颁布政令，要求在各地创办小学，学校的教育机制和制度也基本完善。根据设立的性质，宋代蒙学可分为官办和民办两种形式，官办蒙学中的一种是设立在宫廷内的贵胄小学。

元朝的蒙学教育算是一个过渡期，上承宋代蒙学较为完善的教育机制，下启明代鼎盛的教育机构。教学内容较为混杂，既有经书传授，也掺杂宋代的理性思维，其形式主要是"社学"，多实行分斋教学法。

明代蒙学的教育机构、机制和内容等各方面都达到了古代的鼎盛。当时，官学私学并举，机构形式多样、种类齐全，官学主要是社学，也有义塾，私学则有蒙馆和家塾。教学内容非常全面，除进行初步的道德行为训练外，还有基础知识教育，分为识字和读经两个阶段，按照识字、写字、阅读、属对、作诗、作文的顺序实行。

明代蒙学对于道德礼仪、体育方面的教育以及学生学习态度的培养和学习习惯的养成都是十分重视的,在教育教学的过程中还特别注重培养儿童的学习兴趣,善于因势利导,多采用诗歌、舞蹈、故事等内容和形式。

至清代,蒙学教育已经发展得相当成熟完备了,内容也集中在识字教育、知识教育和道德教育三个方面,其最大的特点是教材的完备与多样化。清代蒙学在教材的选择和教法的运用上积累了很多成功的经验,与近代儿童启蒙教育的很多原则和方法相近。

光绪年间,初等教育分为三级,即蒙学堂、寻常小学堂、高等小学堂,蒙学堂简称"蒙学",入学年龄为五岁,修业四年,设修身、字课、读经、史学、舆地、算学、体操等课程,但仅有章程,并未落实。

回顾我国古代蒙学的发展历史,不难看出,蒙学的发展是一个渐进的过程,是伴随着历代教育实践活动的深入而趋于成熟的,也彰显了中华民族对于儿童的早期启蒙教育由来已久的重视。

三、古代蒙学的特点

我国自古以来就十分重视儿童教育，传统蒙学的出现和发展便是最好的证明。在漫长的时间长河里，中华蒙学孕育了丰富的思想内涵，有着重要的作用和深远的影响。那么，它有什么样的特点呢？和如今的幼儿教育又有什么样的区别和联系呢？

如今，随着社会的发展，人们尤其是年轻一代的父母对于早教越来越重视了。秉承着"不能输在起跑线上"的教育原则，很多父母觉得教育越早越好，给尚且懵懂无知的孩子报了一个又一个兴趣班，有的父母甚至从胎儿时期就开始进行各种教育。

这让人不禁会想，古代的早教也是这样"疯狂"吗？那时候的父母是以什么的态度对待启蒙教育的呢？

古代蒙学的特点之一，就是重视早期教育。直白点说，今天所谓的胎教，其实也是古人"玩"剩下的。汉代刘向所著《列女传·母仪传·周室三母》中就记载了周文王的母亲太任进行胎教的故事。

太任是殷商时期挚国国君的次女，长大后嫁给周先王季历为妻，不久就有了身孕。太任怀孕后对自己要求十分严格，对此，书中是这么写的："及其有娠，目不视恶色，耳不听淫声，口不出敖言，能以胎教。"后来，文王姬昌一生下来就与众不同，天赋异禀，这自然被视为与太任的胎教有直接关系，太任也因此被后世称为"中国胎教第一人"。

此后，对于胎教古代很多教育家也都有研究，比如东汉的王充、西晋的张华、南北朝的颜之推、唐代的孙思邈、宋代的朱熹等，其中的研究成果虽不乏荒诞之说，但也有合理成分。

除胎教外，还有一些人主张"自能食能言而教之"，即会说话能吃饭的时候就该对孩子进行教育了。可以说，古代的教育家们对于早教是提倡尽早实行的，在他们看来，幼学乃是立圣之基。

众所周知，"家"对于中国人有着非比寻常的意义。古代蒙学的第二个特点，便是重视家庭教育。

在古代，"家"不仅是生产和生活的基本单位，也是教育实施的基本单位，流传至今的数量繁多的家训族规和家庭教育故事就是最好的证明。古代的教育家非常重视家庭的教育功能，他们认为在孩子进私塾前，父母就是孩子的老师，父母的言谈举止对他们有着深刻的影响，所谓"教小儿，不但是出就外傅谓之教，凡家庭之教最急"，"教子须是以身率先"。

蒙学中的家庭教育

此外，他们还强调父母要用正确的方式处理爱和教育的关系，应该做到"威严而有慈"，否则就会适得其反，破坏孩子的天性。

古代蒙学的第三个特点，是重视积极教育。"你怎么这么笨？""你怎么什么都不会？""看看别人家的孩子……"，相信一些同学对这样的语句不会陌生。这是消极教育的典型表现之一，即父母用打击、诋毁的方式试图激发孩子的斗志，让他们向好的方向发展。古代早教对这种教育方式是不推崇的，它更注重的是对儿童的正面引导。如明代教育家王延相所说："童蒙无先入之杂，以正导而无不顺受。"这在古代的蒙学教材内容中也有体现。古代蒙学教材所选用的大都是正面、积极的人物故事，意在为孩子树立榜样，希望他们能效仿。

古代蒙学的最后一个特点，是重视行为教育，或者说重视儒家伦理在现实中的应用。朱熹在《童蒙须知》中就明确指出，蒙学教育的主要任务就是对孩子进行行为习惯的训练，让他们知道自己该做什么、怎样去做。正是基于此，从南宋时起，我国出现了大量侧重于阐明行为训练要求的童蒙教材，如《童蒙须知》《家塾常仪》《弟子规》等。

相比于今天的启蒙教育，古代蒙学教育肯定有过时之处，但是它所蕴含的一些教育思想仍有着重要的价值，并且是可以运用到今天的教育中的。

四、传统蒙学的教育理念

蒙学是古代中国对儿童进行启蒙教育的知识系统与教育体系。站在教育体系的角度来看，中华传统蒙学中包含的教育体制和教学过程等，承载着最为基础的教育理念和教育方针。

古代对于蒙学的重视，是从学者开始的，也是学者最为重视的。古代致力于教育的学者们在对教育深入探究的基础上，于长期的训蒙实践中逐渐形成了一些独具特色的蒙学理论，并以合理而坚定的理念作为引导。

在古人看来，启蒙教育最根本的就是养正教育和德行教育。他们非常重视人生的正本慎始，主张在婴幼儿智慧开蒙之际就施加正面引导，以促使孩子更好地成长、成才。

严格来说，这种正向的蒙养教育分为两个阶段，一是胎教"正本"，二是儿童的早期教育。对于胎教，古人主要遵循的是"五宜要求"，即"宜听古诗，宜闻鼓琴，宜道嘉言善行，宜阅贤孝节义图书，宜劳逸以节，动止以礼"，这样生出来的孩子就会"形容端雅，气质中和"。到了儿童的早期教育时期，他们则有着更为严谨的理念作为指导。

首先，老师在传授知识时要尽量保证"有来学而无往教"，意思就是，要在学生主动来问问题时再答疑解惑，不要强行或提前灌输，这里强调的是学生学习的主动性和兴趣的培养。

《周易·蒙卦》中说"匪我求童蒙,童蒙求我",强调的便是童蒙的主动请教。可见,在蒙养教育的初始阶段,古代的教育家们就已经开始注意这个问题了。只有让学生在感兴趣的基础上主动地去学习,才能让他们真正地将所学知识理解消化,这样的教育才是有效的。

当然,这里所说的"有来学"也并非单指学生主动请教,还包含学生已经出现错误的情形。儿童阶段尚处于对世界初步认识的阶段,这时候孩子们有很多事情是不明所以的,这样就不免在懵懂中犯错误。当孩子初次出现这种情况时,父母或老师要及时给予正确引导。

传统蒙学也对老师提出了严格要求,强调"德盛而教尊"。《礼记·学记》中说:"凡学之道,严师为难。师严然后道尊,道尊然后民知敬学。"在幼童教育中,孩子从父母身上获得的主要是与家庭伦理关系和秩序相关的知识,而老师则要引导他们理解社会关系,后者要比前者复杂得多。老师只有博学多识、品行端正且能够严厉对待学生,才能真的教给孩子东西,对孩子负责。

另一方面,传统蒙学对德育非常重视。在古人看来,德育的关键是行为规范和良好习惯的养成,即"君子以果行育德"。

古人认为,教育的目的是通过约束行为来培养孩子的良好德行,因此他们对儿童授以严格的行为规范,按照德行的要求让孩子去养成符合家庭伦理和社会秩序的行为习惯,对违背礼教的行为给予严厉的责备。

用教育培养孩子的德行

《三字经》中说:"首孝弟,次见闻。知某数,识某文。"讲的正是启蒙教育内容的施加顺序。首先应该教给孩子的就是孝敬父母、亲爱兄弟姊妹,懂得长幼秩序,明白礼仪规矩和最基本的社会秩序,

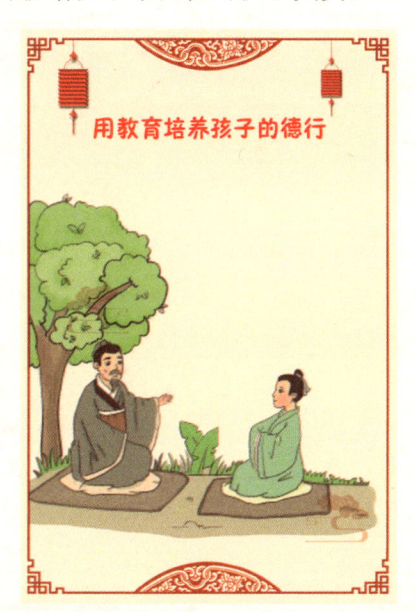

然后才是学习知识、增长见闻。

　　此外，传统蒙学还强调"养心为本"，注重环境濡染的作用。明代霍韬在《霍渭厓家训》中说："童蒙以养心为正，心正则聪明。故能正其心，虽愚必明，虽塞必聪；不能正其心，虽明必愚，虽聪必塞。"不过启蒙教育的养心和成人的养心是不同的，成人已经具备了一定的阅历和认知能力，可以通过自主学习知识和不断反省、慎思来完成，但是儿童只能由诸多规范进行约束和引导，在潜移默化中修养心性。同时对于幼童而言，父母的作用要比老师更大，孩子可以从学校获得知识，但是脾性、品性都源于父母及家庭环境的影响。

　　人有先天的本性，也有可培养的后天性情，古人认为环境对于儿童品性的转变和培养有着重要的影响。孔子就说过："里仁为美。择不处仁，焉得知？"好的环境能给人以积极影响，坏的环境对人有负面影响。

　　经由这样的过程，古代蒙学教育最终要达成的目标就是既不泯灭孩子天真烂漫的本性，又能让他们有所规范，打下良好的道德基础。

五、传统蒙学的教育方法

除了上一节提到的教育理念，教育方法和策略也是蒙学教育体系的重要组成部分。中华传统蒙学有着丰富且独具特色的教育方法，对儿童知识的增长和道德素养的形成有着极大的促进作用。

有人认为，传统蒙学教育就是让孩子不求甚解地背诵，这是对蒙学的误解。传统蒙学不仅有其合理的理念策略，而且在教育方法上也不是只有背诵一种。

当然了，背诵的确是传统蒙学教育的一种非常重要的方法。

传统蒙学的知识教学主要以语文为主，包含识字教育、读书教育、写字教育和作文教育。教师在进行这些内容教学时，主要运用的就是勤学多练法和熟读成诵法。

王筠在《教童子法》中说："蒙养之时，识字为先，不必遽读书……能识二千字，乃可读书。"意思是童蒙入学，先要识字，然后再读书。识字时，指标是两千个常用字。教师会将"三百千"中比较难写、难读的字写在方纸上，然后按照独体字和合体字的顺序一一教学生认读，一般不解释字义。学生认读得差不多了，就可以回到自己的座位上进行反复的书写和发音练习，将当天学习的字全部熟悉，第二天来到学校，要先温习旧字，再学习新字，周而复始，等识字的数量达到一定程度后，就可以开始阅读。

读书教学有三个阶段，分别是读、背、理。第一阶段的教学方式是一对一教学。老师会唤一名学童到案前，自己念一句，让学生跟着念一句，然后老师大声诵读，学生同步小声念，接着老师将一段合起来诵读，学生跟着再读，数遍后令学生回到自己座位练习。第二阶段是学生的自主学习。学生自行诵读数遍后尝试背诵，熟悉之后到老师案前背诵，老师觉得过关了就会再按照上面的形式教下一段的内容，直到全篇学完。理书即温习、复习，蒙学读书教育中有"读旧书、温新书"的交叉进行制度，每天开始学习新课前，学生必须先温习前一日学过的内容，并且每十天、每一月、每一年还要进行此前整体内容的温习。

诵读的过程对老师有"声声字眼念清真，不论遍数教会住"的要求，规定老师每天上、下午都要教授五段内容，对于学生则强调"心到、眼到、口到"以及正确的读书姿势。

读书的古人

从上面可以看出，传统蒙学的识字教育和读书教育都用到了一对一的教学方式。实际上，传统蒙学教学中，"个别施教"的方法也是普遍运用的。相比于班级授课制，这种方式的效率的确不够高，但却可以照顾到学生个体之间的差异，有利于因材施教，充分激发个体的优势。

传统蒙学的道德教育，主要是对学生行为规范和心性的引导，常运用"就近取譬"和"日生日成"的教育方法。

"就近取譬"可以理解为不予深究，从浅显处入手。古代教育家认为德育不能急于求成，而应当由浅入深、循序渐进，比如对于伦理道德的内容，只需用浅显的例子或说法让学生明白如何去做是合乎礼法的，不用向他们解释其中的内涵，这些到他们长大之后会渐渐明白。

第一章　承载着中华文化奥秘的蒙学

"日生日成"则是强调从生活细微之处培养儿童的行为道德习惯。将经书中的精言微义和儒家伦理道德落实到实际生活中，转换为日常的行为举止，以便孩童接受和履行，在潜移默化中形成封建教育所需要的品格德行。

传统蒙学教育还注重学生的兴趣激发，会采取讽诵诗歌的方式，寓教于乐，让孩子在玩乐中学习。这主要表现在蒙学教材的编纂形式上。传统蒙学课本多采用韵文、诗歌、故事、格言的形式，不仅句子简洁有趣，平仄押韵，易读易背，而且内容丰富，很容易受到孩子们的喜爱。

除了这些教学方法之外，蒙学教育中还存在体罚的手段。古时有"不打不成器"的谚语，在学生不听话或者行为不当时，老师往往会采用罚跪、鞭笞的方式令其反思自己错误，夏楚（戒尺）二物也因此被视为古代教师权威的象征。体罚的手段在今天当然是不可取的。

第二章

蒙学教育：孩童的精神食粮

一、塾师：已消失的传统启蒙者

塾师，一般指旧时的私塾先生，用现在的词语来形容就是民办教育机构里的老师。事实上，塾师的含义要更广泛，可以理解为旧时蒙学教育的执掌教鞭者，在整个教育体系的师资队伍里是不可或缺的一环。

在古代启蒙教育的场所中，皇室宗亲有专门的"皇家幼儿班"，贵族子弟有官办的内小学，民间百姓子女则大多进入私塾学习。当然，也有的人会专门聘请私人教师让孩子在家里学习。总的来说，古代启蒙教育的场所包括以下几类：一是东家延请塾师来家教授自家或亲属子弟的家塾；二是地方显贵、家族或者个人开设于家庭、宗族或乡村内部的私塾；三是官方或地方政府兴办的免费向儿童开放的义塾。

但不论教育场所设在哪里、以何种形式呈现，老师终归是不可或缺的。下面我们就以私塾教师为例，来深入了解一下这些已经消失的传统启蒙者。

旧时，私塾教师有很多不同的称谓，如蒙师、馆师、训蒙先生、教书先生等，但多数情况下称塾师。古时的私塾就是乡村学堂，往往处于人烟稀少的荒郊僻壤或者相邻村落交界的地方，塾师因此也有"村学究""三家村夫子"的谑称。私塾里的学生，小的四五岁，大的不过十三四岁，大都处于顽劣好动的年纪，整天爬高上低。塾师除传授知识之外，也要承担起照顾看管他们的责任，也因此被称为"孩子王""猢狲王"。

在古代的文学作品中，私塾先生常以年老力衰、学识浅陋、为人刻板的形象出现。如《儒林外史》中讽刺塾师周进是"呆，秀才，吃长斋，胡须满腮，经书不揭开，纸笔自己安排，明年不请我自来"，《笑林广记》里东家的保姆说塾师"我也是哄孩子，你亦是哄孩子，岂不是一样？"。因而在今人眼中，私塾先生就成了穷酸迂腐、思想固陋的代名词，被贬称为"老学究""冬烘先生"。

但事实真的如此吗？在对启蒙教育无比重视的古代，人们真的放心将孩子交到这样的人手里去吗？答案自然是否定的。

古人把启蒙教育看作事关后辈一生的重要事业，塾师是担任这项事业的关键实施者，因此无论是家塾、义塾（官办）还是私塾，都十分注重塾师的择取。

古代社会对塾师的资格考查相当全面，具体包括品行、学识、尽心和善教等方面。担任私塾先生的，以通过童试而取入府、州、县学习的生员，也就是秀才，为优先选择，如宋元时期的著名学者陈栎。也有已做官而被革、被罢，或自行退出官场，或退休回乡的官员，这些人回乡后一般都小有声望，会自己开设学堂，或者到多地游历讲学，如明代的杨士奇。在塾师资源匮乏的时期或者人才较少的穷乡僻壤，一些读书不多、没有条件参加科举，或参加科举屡遭失败的读书人也会被破格聘用。

古代的私塾教师

塾师聘任及上岗有一套颇为讲究的礼节。聘用塾师前，东家一般先要托人查访品学兼优的师资，也有人会选择推荐自己熟悉的人，待聘塾师也要了解一下来聘者的情况。双方没有异议后，东家就会在旧历年前把聘书送达待聘塾师，称"下关书"。来年正月开馆，塾师就馆，东家会派人去迎请先生，并布置书屋，先生来后，东家要带领全体学生列队迎接。进了书屋，先生要先行参圣大礼，学生再向先生行跪拜礼，之后还会举行开学典礼和接风礼。

塾师作为古代乡村的知识分子，堪称当地的知识精英，是很受人尊敬的。如若获得过诸如生员的资格，那就更有威望了。这是因为塾师在古代的乡村社会，除了教学外，还承担着几乎所有与知识相关的工作，例如写信、取名、写对联，甚至于编修家谱、占卜看相等。另一方面，在整体素质偏低的乡村，拥有知识的人理所当然地也被认为是道德高尚的人，塾师也被视为是当地的道德表率。

可见，真实的塾师并非一些古书中所写的那般寒碜、鄙陋，其中甚至不乏博古通今之辈，如孔子其实也算是塾师。尽管他们收入并不高，但依然被社会公认为清白而崇高的职业人，是普遍受到尊敬的。至于古书中为何这样贬低讥讽他们，原因有二：一是它们描写的对象就是那些本就水平不够的塾师；二是古书中塾师的社会形象主要是由比他们文化水平更高的学者塑造的，在这些人眼里，塾师就是一副学识浅陋、穷酸迂腐的模样。

对于古代的乡村社会而言，主要的教育就是启蒙教育。私塾先生作为该教育的主要实施者，兼有道德师表的身份，对于世人特别是乡村百姓的影响，丝毫不亚于那些大圣大贤。

二、传统蒙学教材的发展

前面提到过,蒙学是古代中国对儿童进行启蒙教育的知识系统与教育体系。从知识系统的角度来看,蒙学主要是由童蒙读物组成的,意在为儿童构建基本的认知,使其能够全方位地认识世界。

我国的蒙学教育源远流长,在漫长的历史时期内形成了悠久的蒙学教育传统,由此出现了门类齐全、种类繁多的蒙学教材。根据张志公所著的《蒙学书目稿》的统计,从周秦至民国的蒙学教材有580多种;而由徐梓等人所著的《中国传统蒙学书目(初稿)》统计到的总数更多,有1300多种。如果考虑失传或统计不完全等因素,真实的数据可能更多。

蒙学教材是伴随着蒙学的发展不断丰富起来的,因此它也有着自己的发展历程。总的来看,中国古代蒙学教材的发展可以分为三个阶段。

第一阶段,西周至汉唐。这一时期的蒙学教材多是综合性读物,兼有识字、德育、知识普及等功能,但以识字教育为主。

蒙学的起源阶段,也就是原始社会时期,是没有系统的蒙学教材的。夏商两代,蒙学读物亦无从考证,到了西周时期,才有相关的作品出现。东汉班固书中有记载:"《史籀篇》者,周时史官教学童书也。"《史籀篇》是我国目前已被证实的最早的蒙学教材,约出现于周宣王时期,主要用来教学童识字。

秦朝在文化教育方面做了一些调整,重新制定了学术内容。这一时期的蒙学教材主要有李斯的《仓颉篇》、赵高的《爰历篇》和胡毋敬的《博学篇》，这三本教材也是以教儿童识字、写字为主，可看作是对《史籀篇》的发展。

到了汉代，人们对于蒙学普遍重视，进而对秦代的教材进行了修正改编。汉初，闾里书师将秦代的三本教材合编为一集，取名《仓颉篇》。此后史游撰《急就篇》，流传于后世，又有李长作《元尚篇》，贾鲂编《滂喜篇》，蔡邕写《劝学篇》，扬雄撰《训纂篇》，皆为蒙学教材。

到了魏晋南北朝，蒙学的进一步发展催生了一系列蒙学教材的涌现。此时蒙馆教育用书可分为识字类和读物类。周兴嗣编写的《千字文》和汉代的《急就篇》成为主要的识字课本，此外还有束皙的《发蒙记》以及《开蒙要训》《杂字指》等。至于读物类，多是一些简单的经书，如《论语》《孝经》等。

唐代出现了蒙学发展的第一个高潮，蒙学书籍也颇有出新。这一时期的蒙学教材包含新、旧两种类别。旧教材就是之前编写当时仍在使用的，如《开蒙要训》《千字文》等。新教材就是当时新编的，有多个种类。有抄写名言谚语的，以《太公家教》为代表；有以典故为主的韵文，以《蒙求》为代表；有诗歌选本如《文场秀句》，有常识问答如《俗务要名林》，有女子训诫书籍如《女论语》，也有专门的识字教材。唐代的蒙书大都使用笔画较少的常用字，语言也更有张力，其中《太公家教》和《蒙求》对后世有着很深的影响。

第二阶段，宋代至清中叶。这一阶段的蒙学教材开始向分类撰写的方向发展，在识字的同时注重伦理道德教育，增加了更多生活常识，更适应儿童的身心发展特点。

这一时期的蒙学教材可以分为五大类，一是以识字为主的综合性教材，以《三字经》《千字文》《百家姓》为代表；二是伦理道德教育类，包括《名贤集》《增广贤文》《性理字训》《菜根谭》等经典书籍；三是历史知识类，如《历代蒙求》《叙千古文》《少仪外传》等；四是诗歌韵律类，包括《笠翁对韵》《唐诗三百首》《千家诗》等；五是名物常识科普类，包括《龙文鞭影》《幼学

第二章 蒙学教育：孩童的精神食粮

琼林》《名物蒙求》等。此外还有专门为古代女童教育编写的蒙学读物，如《曹大家女诫》《内训》《闺范》等。

第三阶段，清中叶至民国初年。这一阶段为了满足新的现实需要，出现了扩充型蒙学教材，除了改编的"三百千"外，还有《三千字文》《万字文》等，这一时期的蒙学教材在内容和编排上也更具科学性，出现了介绍声、光、电的内容。

蒙学教材是古代启蒙教育的核心所在，是各个时代的儿童人文道德修养的基础，其发展历程也从一定程度上反映了历代蒙学教育思想、教育要求等方面的发展和变化。

三、传统蒙学教材的特点

传统蒙学承担着启蒙、养正的职责。作为蒙学教育内容的载体,传统蒙学教材亦身兼重任,因此必然有着自己的与众不同之处。

作为传统蒙学教育的左膀右臂,蒙学教材的内容并非随意选取的,而是与蒙学教育的理念和目标紧密贴合的。从整体上看,传统蒙学教材的内容深入浅出,蕴含着丰富的哲理,兼具趣味性和实用性,具体来说,主要包含以下几个主要特征:

第一,注重多功能统一,将识字教学与品德培养、常识普及紧密结合,具有深刻的内涵。

古代启蒙教育的目的在于识字、德育和基本的生活常识普及,因此很多蒙学教材都将这三者进行了综合。识字类教材会在识字的基础上设法灌输一定的伦理内容;德育类教材也会在品德教育的同时,进行知识教学;知识类教材,往往会选择正向的、合乎当时价值取向的题材,在教给孩子各类知识的同时,也对各种美好的德行进行渲染。

总之,多数蒙学教材的内容都不是绝对单一的,有的甚至可以看作是集萃了古代各个领域文化知识的百科全书。

第二,十分注重学和用的关系,希望达到让学生学以致用的效果。

传统蒙学教材选取的内容大都与日常生活联系紧密,尤其是德育类书籍,往往会将深奥难懂的伦理知识与学生的生活场景相结合,便于学生理解并自觉实践。

第三，多使用简单的文字和句式，讲究语句的韵律，便于诵读和记忆。

蒙学教材的编写注意利用中国语言文字的特点，多采用韵语和对偶句式，一般都前后押韵，读起来如唱歌一般婉转悠扬、朗朗上口。流传最广的"三百千"就显著体现了蒙学教材的这一特点。

第四，多由德才兼备的名士来编纂，其中很多都是在教育领域内颇有声望的名人。

启蒙教材的内容之所以能够以简单凝练的语言传达丰富的知识和哲理，主要原因就是其编写者对海量知识的融会贯通。大学问家、教育家亲自动手编纂，不仅保证了教材的水平，提高了教材的权威性，也非常有利于教材的推广和流传。

第五，符合儿童身心发展的特点，能够激发孩子的阅读兴趣，促使孩子主动学习。

中国古代虽然没有系统论述关于儿童心理发展的著作，但实际上早已产生了丰富的儿童心理学和发展心理学的思想。蒙学教材在编写时就是依据这样的思想成果进行的，因此非常符合儿童的年龄和心理特点。

孩子不喜欢看枯燥的文章和深奥的理论，蒙学教材就全然没有这些东西，转而采用诗歌、舞蹈、故事的形式，将这些内容趣味化、简单化，以典型人物、历史故事、警世格言等作为主要内容，有的还附有插图，极大地培养了儿童的阅读和学习的兴趣。这既是蒙学教材长盛不衰、流传至今的原因，也是童蒙类书籍编写的宝贵经验。

第六，内容和形式上雅俗共赏，虽为童蒙读物，但普遍老少皆宜。

蒙学教材虽无笔调深僻、寓意厚重的内容，但也不乏发人深省之处，对于成人也有着极高的阅读价值。许多优秀的蒙学教材，如果家长能和孩子一起学习，就很可能达到事半功倍的效果，对于成人的为人处世也有一定的指导作用。

总之，传统蒙学教材在内容、形式和功能等方面都具有其独特性。我们了解和研究蒙学教材，不仅有助于探观古代的文化风貌，也可以从中获得教材编写的经验和启迪。

四、研究蒙学教育的意义

蒙学虽然是一种过去式的教育，但它所包含的内容却是非常有价值的。了解和研究蒙学可以帮助我们探究中国各个时代的精神风貌和文化特征，了解文明传播的过程，重拾对我国优秀传统文化的关注。

一些学者认为，在某个时代，为什么而教学、教或学些什么以及怎样教学，往往是这一时代性格和气质的典型体现。

教育是文化的一部分。教育的发展反映了政治及时代的变迁。每一个朝代的教育都带有专属于那个时期的特色，同时又影响着社会的方方面面，启蒙教育同样如此。

就拿古代蒙学教育的内容和目的来说，商周重礼，礼乐教育是其蒙学教育的基本内容，贵族子弟在童蒙时主要学习的就是基本礼仪规则，培养的就是重礼意识；秦为巩固其统治地位，对语言文字进行了统一，重新制定了蒙书内容，汉代则对秦的蒙学内容进行了修正改编，这反映的是统治阶层对于蒙学教育的态度，体现了教育与政治的关系。

唐代以前，启蒙教育受正统思想影响较少，再加上蒙学并未向底层社会普及，孩童们学习的多是"天地玄黄，宇宙洪荒""宋延年，郑子方""仓颉作书，以教后嗣"之类的简单常识和知识。

唐宋之后，伴随着理学的兴起，性理和道统得到强调，蒙学的教学内容和程序便开始丰富和稳定起来，同时也加强了道德行为的训练。这时候的孩子在学习基础知识之外，还要诵读"人之初，性本善"之类的宣扬儒学伦理和德修的内容。进入清朝以后，儒学伦理越发僵化，要求也更加刻板，"首孝弟，次谨信"之类的思想也就在蒙学教育中流行起来了。

由此可见蒙学教育与时代思想、社会动态联系之紧密，以及蒙学与儒学的关系。作为在中国传统思想中长期占据主导地位的学说流派，儒家对于蒙学的影响和渗透是不言而喻的。

从儒家经典《周易》对开蒙的解释，到孔子开设私学，从个别童蒙对于儒家经典的学习再到最终普及化的儒学启蒙，古代儒学文化对蒙学教育的影响一直存在。

在古代，童蒙中的出类拔萃者是可以提前学习诸如四书五经之类的儒家经典的。《村学诗》中最后一句"就中有个超群者，一日三行读《大》《中》"说的就是这个意思。而对于大多数学童而言，他们对儒学的学习还是限于伦理、道德、礼仪等内容，以及这些内容在生活中的运用。

可以说，通过传统蒙学这一窗口，我们可以了解到中华文化价值体系的构成，探索精英儒学的高深哲理，发现世俗儒学在社会现实中的具体应用。

此外，对于蒙学的研究，也会给我们今天启蒙教育的实施和发展带来新的启示，为幼儿教育注入新的活力。与此同时，还能唤起人们对中华传统文化以及其对儿童培养所产生的影响的重视。

五、传统蒙学对当代教育的影响

传统蒙学以齐整押韵的语句、丰富多彩的内容教育孩童，以日常生活的习惯和规范达到积善成德的功效。它对于我们丰富现代语文教育、有效帮助学生进行辅助学习、传承中华文明具有重大意义。

中华传统蒙学源远流长，于悠久的发展历史中孕育出了丰富的教育文化，是中华民族五千年幼儿、小学教育经验的总结。它不仅帮助古代的中国儿童构建起了基本的知识体系和文化观念，而且对于当今的启蒙教育也有着重大意义。

传统蒙学是当代启蒙教育的文化根基，当代启蒙教育是传统蒙学的传递和继承。

毋庸置疑，启蒙教育与地域、民族、文化背景、历史渊源都有不可分割的联系。中华文化的突出特点是直指人心、回归人性，不论时代如何变迁，人性是中华文化中永恒的话题，也是中华文化绵延五千年不衰的重要原因。而蒙学中"蒙以养正"的核心观点正是关乎人性论述的基础。从某种意义上来说，正是蒙学的这一观点造就了璀璨的华夏文明，所以说启蒙教育的根基在于传统文化，在于蒙学。

传统蒙学是当代启蒙教育的文化引领，当代启蒙教育是传统蒙学的发展创新。

传统蒙学中蕴含着中华传统文化的优秀内容，包含很多丰富而精彩的教育思想和理念。当代启蒙教育应当吸收传统蒙学中的精华部分，在继承的基础上发展创新，让孩子们充分感受中国悠久的历史和文化的魅力，同时对明天和未来充满憧憬。

在物质文明和精神文明高度发达的今天，国人对于子女的教育，尤其是启蒙教育越来越重视，却对蒙学的概念越来越陌生，对传统文化于中国人的意义越来越忽视。重新捡起蒙学，捡起传统文化，对中国人，尤其是中国年轻一代极为必要。

传统蒙学有助于培养学生的品德素质，延续中华民族的优良传统。

自古以来，道德都被教育家认为是人类学习和教育的最高目的。但是在现代教育中，知识教育往往成为主体，德育相对较少。而传统蒙学教育中对孩童进行品德教育的内容是极其详尽的。将这些内容与当代教育相融合，充分发挥各个学科的优势，可以使孩子们在进行知识学习的同时也能受到良好的道德熏陶。

传统蒙学对现代语文教育有着积极的借鉴作用，有助于提升学生的语文素养。

语文作为基础学科，在教育中扮演着极其重要的角色。它是学习知识的基础，是"百科之母"；它也是培养逻辑思维能力的基本手段，是认知世界的途径；它同时还是人际交往的基本工具；最后，它还是人文素养的载体，是思想、文化、伦理、素质的全方面体现。

如果按照学科来划分，传统蒙学教育的内容绝大部分都属于语文类别。其中对于提升语文素养所需要的包括语文知识、语言积累、思想情感、思维品质、审美情趣、学习方法和学习习惯在内的种种都有所涉及，对于学生认

第二章 蒙学教育：孩童的精神食粮

识汉字的音形义，了解基本的语法知识、修辞知识、阅读知识、写作方法知识，养成良好的学习语文的习惯，掌握常见的语言表达方式以及运用常用思维方式搜集与处理信息都有所帮助。

传统蒙学对于当今教育的积极影响远不止于此，其蕴含的丰富的蒙养教育思想是中华民族一笔宝贵的文化遗产。这笔宝贵文化遗产的继承，对于现阶段我国未成年人的教育，尤其是道德养成教育大有裨益。

第三章

字：识字教育与基础知识

一、最浅显易懂的蒙学教材——《三字经》

"人之初,性本善。性相近,习相远。苟不教,性乃迁……"这些朗朗上口的语句,想必大家都不陌生。从我们踏进学校的那一刻起,它们就伴随着我们的成长,成为我们生命里深刻的童年记忆。

《三字经》是中国古代典籍中最为浅显易懂的读本之一,很久以前就是孩童的启蒙读物,它凭借自身的魅力,千百年来被中华儿女奉为经典。直到今天,《三字经》依旧是儿童牙牙学语时期的必备书籍。

《三字经》全文共1145字,内容短小精悍。在格式上,三字一句,四句一组,读来通俗顺畅,便于记忆;在内容上,涵盖了人伦义理、天文地理、哲学历史以及民间传说等多方面的内容,不仅能让人学到丰富的知识,也能让人领悟到深刻的道理,正所谓"熟读《三字经》,可知千古事"。

《三字经》的内容整体上可分为六部分,每一部分都有一个明确的主题。

第一部分,从"人之初,性本善"到"人不学,不知义",讲述的是后天教育对于儿童成长的重要性。作者以"孟母三迁"与"窦禹钧育五子"的事例充分说明了父母、老师正确的教育方法以及良好的环境对于孩子成长、成才的影响。

第二部分,从"为人子,方少时"到"首孝弟,次见闻",是对儿童的道德礼仪教育。书中引用了"孔融四岁让梨"和"黄香九岁能温席"的故事,强调儿童要懂礼仪,要孝敬父母、尊敬兄长。

第三部分，从"知某数，识某文"到"此十义，人所同"，是常识和知识的科普，包括基本的算术、五行、四季、日月星辰、山川江河、草木牛羊、三纲五常、乐器、声调、气味以及太阳的运行规律和人的长幼辈分等。

第四部分，从"凡训蒙，须讲究"到"文中子，及老庄"，列举了诸子百家的重要著作以及儿童阅读的方法，列举的书籍有四书、三易、六经、四诗、三传、五子等。

第五部分，从"经子通，读诸史"到"通古今，若亲目"，讲述了中国从三皇五帝至清代的朝代变迁。

第六部分，从"口而诵，心而惟"到"戒之哉，宜勉力"，是对儿童学习的勉励。作者列举了孔子、赵普、路温舒、公孙弘、苏洵、梁灏以及孙敬"头悬梁"、苏秦"锥刺股"等古代贤者刻苦读书而有所成就的故事，强调儿童只有从小努力学习，长大才能有所作为。

《三字经》中刻苦读书的古人

《三字经》原著的内容并不如今本丰富。《三字经》据传由南宋学者王应麟所作，对历史部分的记载到南宋就结束。今天我们所见到的《三字经》，是由历代学者在研习原著的基础上不断地修改补充才形成的。也正因如此，关于《三字经》的成书年代和作者一直存有争议。

《三字经》自著成后就一直是古代儿童识字知理的基本读物。它以简短通俗的文字、流畅顿挫的韵律将各类知识杂糅在一起，讲述了亘古不变的哲理，帮助儿童将零散的知识串联起来，进而构建出清晰的知识体系，形成自我的基本认知。尽管以现在的眼光来看，它的思想内容不免存在一些不足之处，但是其对中国甚至世界启蒙教育的影响都是不可忽视的。

根据记载，世界上最早的《三字经》翻译本是拉丁文。从明朝开始，《三字经》就已流传至中国以外的国家，如朝鲜、日本、沙俄、英国等。1990年，《三字经》被联合国教科文组织选编入《儿童道德丛书》，向世界各地儿童推介学习，成为一本世界著名的启蒙读物。

二、中国姓氏大全——《百家姓》

"赵钱孙李,周吴郑王,冯陈褚卫、蒋沈韩杨……"中国姓氏数量众多,历来有"百家姓"之说。"百家姓"的称呼出自宋代《百家姓》一书。据统计,中国人常见于文献的姓氏数量多达5600多个,《百家姓》中收录了504个,包括444个单姓,60个复姓。

《百家姓》成书于北宋,既是一部专门记录中国姓氏的书,也与《三字经》一样,是一本极为重要的儿童启蒙读物,对中国姓氏文化的传承以及儿童识字等方面都起到了巨大作用。

《百家姓》全文共470余字,在格式上采用了四言体例,每四字一组,句句押韵,读来十分顺口,且便于记忆。

根据渊源的不同,《百家姓》中的姓氏分类有十余种。有取自祖先图腾的姓氏,如"熊"姓。有取自祖先当中名字的姓氏,如"昌"姓。相传黄帝的正妃嫘祖为其产下二子,一子名为"昌意",即"昌"姓始祖。有取自封地名和国名的姓氏,如"赵"姓。相传曾协助大禹治水的伯益有一后裔名叫造父,生于周代,曾担任周穆王的车夫。后来,周穆王将赵城赏给了他,他的子孙后代就开始以"赵"为姓。有以职业或官职为姓氏,如"司徒"。有取自方位、数量、天干地支的姓氏,如"东方"。传说人文始祖伏羲氏创造了八卦,八卦以东方为尊,其后代支庶子孙便以"东方"为姓。也有因帝王赐姓,如"陶"姓。"陶"姓与陶器有关,陶器与中华民族有着千丝万缕的联系,在中华文明诞生之初，陶器就已经出现了。相传上古帝王尧的子孙中，就有人以制陶为长、以制陶为荣，故尧赐其"陶"姓……

除此之外，还有以出生时的异象为姓氏，以谥号为姓氏，以山河名为姓氏，以住地的方位为姓氏，以部落的名称为姓氏，更改的姓氏等。

中华文化博大精深，姓氏也有着深厚的历史底蕴。可以看出，姓氏的起源与上古时期的文化、习俗、地理等各方面都有着紧密的联系，亦是古代人们社会生活的反映。

据考证，中国人姓氏的起源存在多地区、多起源地的特征，与上古时期先民的迁徙息息相关。据历史文献的记载，姓氏可以追溯到人类原始社会的母系氏族时期，所以中国的许多古姓都是女字旁。当时的姓氏作为区分氏族的特定标志符号，多取于环境或事件，如炎帝居于姜水，其部落就以"姜"为姓。随着氏族制度逐渐被阶级社会制度所替代，赐土以命氏的治理国家的方法和手段得以产生。所谓"赐土以命氏"就是君王将贵族封至何地，贵族就要用那个地方的名称作为姓氏。

中国姓氏文化的发展是《百家姓》得以成文的历史背景，在其之前最早有关姓氏的文字记载大概是商代的甲骨文。北宋初年，杭州一位才子为编纂简单易懂的蒙学读物，将常见的姓氏编成了四字一句的韵文，著成了《百家姓》这一特殊的历史文献。清朝后期，还出版了一本改良版的《百家姓》，被称为《增广百家姓》，较前者而言，增添了图画、相关人物的名字和画像等。

《百家姓》虽无文理，但其所蕴含的历史信息却是珍贵的文化遗产，为中国人认识传统的血缘亲情、找寻根脉源流提供了重要的文本依据。

三、熔各类知识于一炉的《千字文》

《千字文》与《三字经》《百家姓》合称为"三百千",为中国传统蒙学三大读物。从某种意义上来说,《三字经》和《百家姓》皆是《千字文》的延续版,依据"天地玄黄、宇宙洪荒"的韵律,谱写了关于姓氏和德育的精彩篇章。

《千字文》成书于南北朝时期,至今已流传了1400多年。《千字文》的出现弥补了当时启蒙类书籍可读性有限的缺陷,为中国古代启蒙教育注入了新的活力。

《千字文》是由一千个汉字组成的韵文。南朝时,梁武帝萧衍命大臣殷铁石从王羲之的作品中拓出了一千个不同的字,每字一张纸,又让员外散骑侍郎周兴嗣将这些字编纂成文。周兴嗣根据音韵和含义将这千字按一定的顺序排列,以四字为一句,不仅使其句句押韵、对仗工整,还令其具备了很高的文采,构思之精妙、内涵之丰富令人拍手叫绝。相传,周兴嗣一夜成书,由于用脑过度,次日便白了头,可见其用心之深。

《千字文》内容看似一体,实际上也有章节之分。《千字文释义》将其分为了四大部分。

第一部分,从第一句"天地玄黄"一直到第三十六句"赖及万方",重点讲述了世间万物的生成变化以及各种自然现象。它从宇宙形成开始讲起,进而说到日月星辰、四季变化、江河湖海、飞鸟游鱼、金玉铜铁、果实菜蔬,最后引出人与时代的变迁。

第二部分，从第三十七句"盖此身发"到第一百零二句"好爵自縻"，列举了身心修养的标准和原则，分别从忠、孝、诚信、保真等几个方面做了深入的阐述。

第三部分，从第一百零三句"都邑华夏"到第一百六十二句"岩岫杳冥"，主要论述与国家统治相关的方面，着重描述了都城的繁华壮丽以及上层社会的生活和治世思想。

第四部分，第一百六十三句"治本于农"到第二百四十八句"愚蒙等诮"，描述了恬静悠闲的田园生活和秀美的乡野风光，并对那些淡泊名利、甘守寂寞的人进行了热情赞美。

最后两句没有特殊含义，将其单列出来。

《千字文》的内容涉及天文、地理、社会、自然多个方面，熔各类知识于一炉，却又极具条理性和韵律，自成书之后就被广为传诵，受到了历代学者的高度赞扬。如明代古文大家王世贞曾称其为"绝妙文章"；清初文学家褚人获赞其"局于有限之文字而能条理贯穿，毫无舛错，如舞霓裳于寸木，抽长绪于乱丝"；现当代学者如胡适、章太炎等都对其内容、文采有着极高的评价。

淡泊名利的古人

《千字文》的形式在唐朝以后受到了人们广泛的学习和采用，从那时起，中国出现了大量以"千字文"命名的书籍读物。后来，这种形式还流传到了海外多国。比如日本不但有多种版本的《千字文》，还有许多以《千字文》为名的其他作品；韩国曾将《千字文》作为汉字初级读本。除此之外，《千字文》

还译有英文版、法文版、拉丁文版、意大利文版，在全世界都具有很高的知名度。

　　《千字文》不仅是一本中国古代的蒙学课本和流行于世界范围内的童蒙读物，更是中华传统文化的组成部分，是中华民族灿烂文化和卓越思想的缩影。

四、古人的识字课本——《急就篇》

古代的中国对于早期教育是相当重视的,因此很久以前,中国就出现了大量专门用于幼儿启蒙的识字课本。在这些早期启蒙教材中,《急就篇》极具实用性和影响力。

《急就篇》成书于西汉,由西汉官员史游编著。当时,用于儿童教育的书籍,有秦代的《仓颉篇》和《爰历篇》,汉代司马相如的《凡将篇》、贾鲂的《滂喜篇》、蔡邕的《劝学篇》以及史游的《急就篇》。如今这些书籍中,只有《急就篇》流传了下来。

《急就篇》能从其他同类书籍中脱颖而出并流传至今,并非侥幸。

从格式上看,《急就篇》以63字为一章,今本34章,共2144个字。全书为三言、四言、七言韵语,三言、四言隔句押韵,七言则每句押韵,便于阅读,语意贯通,容易记忆。从内容上看,《急就篇》记载了各类名物,包括姓氏人名、饮食、锦绣、服饰、音乐、官职、动物、地理等,既能训练儿童识字,也可帮助他们增长见识,应实际之需。

《急就篇》的内容可分为三个部分。第一部分共400余字,列举了大约100多个姓,以三字为一句;第二部分共1100余字,介绍了400多种日用器物,70种武器车马,100多种动植物,125种服饰,52种建筑物及室内陈设物,70多种疾病和药物的名称以及60多种人体部位器官;第三部分为文学法理,包括官职名称和法律知识，共 440 余字。

《急就篇》中介绍的名物都是与人们生活密切相关的，包括当时社会生活的各个基本范畴，反映了西汉时人们的生活日常，也从侧面描述了当时汉族与边疆民族互相影响和融合的过程，具有很高的史料价值。此外，《急就篇》还蕴含了丰富的儒家社会政治思想，其中对"学而优则仕"观点的宣扬，表明儒学内容已经渗透到汉代的启蒙教育中。

关于《急就篇》的成书形式和所用字体的研究也是一个非常有意思且又有意义的领域。《急就篇》开篇写道"急就奇觚"。"急就"就是"速成"，即很快学成的意思；"奇觚"意为奇书，"觚"是指古代用来书写的木简，也就是说《急就篇》是一本速成的奇书。

秦汉是我国历史上相当辉煌的时期，大一统的局面促进了社会各方面的发展，在语文规范化方面也颇多建树，对启蒙识字教育颇为重视。

仿唐石经体写本《急就篇》影印版

秦统一中国后，文字方面以小篆为正字规范。当时孩童识字的课本如李斯的《仓颉篇》、赵高的《爱历篇》都是以小篆书写的。到汉朝时，隶书开始流行，《急就篇》的原书很可能就是用隶书所写。东汉时章草盛行，也有书法家将其用草书摘录，魏晋时书法名家层出不穷，钟繇、王羲之等也都对其进行过再书写。从某种程度上讲，也正是由于这些书法家们的青睐，《急救篇》才得以较为完整地保存并流传下来。

总的来说,《急就篇》共有三个特点,一是生字量大;二是言语连贯,整齐押韵,便于记忆;三是知识丰富,实用性强。它不仅是一本教育儿童识字认字的图书,更是一本向儿童传授知识和生活经验的百科读物。

第三章 字：识字教育与基础知识

五、哲理至深的《四字经》

> "述世俗训，教你蒙童。人生有子，虽当教训……"《四字经》开篇就点出这是一本教育童蒙的书籍。这本启蒙读物对儿童的教育主要集中在为人处世、孝悌忠信与礼义廉耻方面。

《四字经》是一本诗经，作者很可能是清朝人，全文共1400余字，采用的是四言句式。《四字经》四字成韵，音韵和谐，内容充实，语言浅白，是一本非常适合儿童阅读的书籍。

《四字经》原名《蒙以养正》，这个名字的由来颇有一番意味。"蒙以养正"最早见于《周易·蒙卦》："蒙以养正，圣功也。"幼童心智未开，懵懂无知，需要进行后天启蒙培养。那么如何培养或该朝着怎样的方向进行教育呢？这就要"蒙以养正"，让孩子走正路，做一个高尚正直的人。这是"圣功"，是神圣不可侵犯的事业。

《四字经》的内容主要写的是人应当如何与父母家人、朋友邻里相处，包括远行在外怎样照顾自己让父母不牵挂，在朋友家应当如何言行，宴会上如何尊师敬长等。其中心思想就是"孝悌礼仪"，教育儿童要孝顺父母，与兄弟朋友和睦相处，不管是在家还是在外都要懂得礼仪规范，言行不可随便。

不过《四字经》的内容并非局限于此，它也包含很多社会和历史知识，可谓贯穿古今，内涵丰富，不仅能引导儿童更好地为人处世，也能让他们获得更多的知识。

《四字经》的句式言简意赅，音韵和谐，便于幼童阅读朗诵，直到现当代都为不少基础通识类读物借鉴。如广东花城出版社出版的《中国史地四字经》、辽宁教育出版社出版的《英才通识·四字经》。两者均采用四言句式，前者记述了我国的科技发明、文化遗产、文化艺术、自然风光、矿产资源、珍稀动植物等中华五千年文明的诸多方面，歌颂了祖国的美丽富饶与强大；后者则分为《中华文史》《世界文史》《科学人文》三册，分别介绍了中国源远流长的历史文化、世界文明的发展以及人类的科技成果。

可以说，如今的《四字经》已经跳脱出了教人识字和教导常识及知识的范畴，而是致力于培养少年儿童深厚的文史底蕴，培养少年儿童科学求真和至善至美的精神，为其奠定扎实的知识基础。

六、古代佳句锦集——《增广贤文》

常言道:"读了《增广》会说话,读了《幼学》走天下。"其中的"增广"即《增广贤文》。从这句话不难看出,《增广贤文》是一本能拓宽人们知识面的经典启蒙读物,能让儿童了解一些待人接物的经验,帮助其更好地与人进行交流。

《增广贤文》也称《昔时贤文》或《古今贤文》,成书于明代。根据戏曲《牡丹亭》中曾提到《增广贤文》这一书名,可推测此书最迟写成于明万历年间,今文是经过明清两代文人不断增补修订形成的。

《增广贤文》全文4000余字,内容来自诸代经史子集。从广义上讲,它可以被看作是一本较为通俗的"经",既富含儒家经典思想,又便于儿童理解;另一方面,它也可以被看作是一本谚语选集,结集了中国古代以来的各种格言、谚语。

由于是直接摘录各类典籍的原文佳句,所以《增广贤文》的内容表面看起来似乎是杂乱无章、毫无框架的,但实际上,它也是有着内在逻辑的。

《增广贤文》的核心思想是儒家荀子的"性恶论"。作者认为人是虚伪自私的,很多事情都是由金钱和利益决定的,很多时候友情并不可信,亲情也可能会被金钱改变,尊卑、正义都由金钱来操控,人们为了一己私利可以变化无常,因此人心叵测,善恶难辨,世事难料。

以这样的思想为前提，《增广贤文》共叙述了四个方面的内容：一是人际关系的处理，二是人与命运的关系，三是如何立身处世，四是表达对读书的看法。

关于人际关系，《增广贤文》认为，人生来是自私的，因而人们在交往的过程中会以利益为重，嫌贫爱富，趋炎附势；关于命运，《增广贤文》认为人逃脱不了命运的安排，人生往往种什么因就会结什么果，善有善报，恶有恶报，人只有行善才会有好的际遇；关于如何在世间立足，《增广贤文》认为人要懂得保护自我，学会忍让，凡事不可冲动鲁莽，在这个前提下充分发挥自己的主观能动性；对于读书，《增广贤文》认为读书能让人明白孝义的重要性，懂得很多道理，从而获得自我提升。

可以说，《增广贤文》的内容是十分广博的，包括典章制度、风俗礼仪、天文地理、历史典故等诸多方面。它有许多关于人生、命运、学习、修养的语句给人们以启迪和警示，如"良药苦口利于病，忠言逆耳利于行""水至清则无鱼，人至察则无徒"等。它的一些民俗谚语总结了千百年来人们同自然斗争的经验，反映了劳动人民的勤劳和智慧，如"有意栽花花不发，无心插柳柳成荫""一年之计在于春，一日之计在于寅"等。

当然，由于时代和历史的局限性，《增广贤文》不可避免地会存在很多不足之处。比如对封建伦理的推崇，对"人性本恶"的偏激认识，对得过且过、畏缩苟安心理和避祸厌世的消极人生哲学的宣扬等，甚至有些内容带有封建迷信的色彩，还有一些内容含义模糊不清，如果不做正确的辨别，很可能会教人误入歧途。

因此，我们要肯定和赞扬《增广贤文》的正面价值，但同时也应该看到它的局限性，对于其中不恰当的、有争议的内容，要带着批判的眼光理智地、客观地、辩证地看待，汲取其有营养的成分，而摒弃其落后的思想糟粕。

第四章

礼：道德教育与处世哲学

一、《弟子规》：古代儿童日常生活规范

泱泱大国，巍巍中华，数千年的历史长河传递着璀璨的文明，孕育出了气度恢宏的"礼仪之邦"。"礼仪"是中华儿女精神的源流，是一个伟大民族的优良传统，而对于中华民族礼仪的传承，《弟子规》是一部有着巨大贡献和影响力的典籍。

《弟子规》是一本依据孔子的言行和思想编写而成的规范学童生活的书籍，由清代教育家李毓秀所作。

清康熙年间，儒家思想文化受到高度推崇，清朝统治阶层为巩固自己的统治，以孔子的儒学为立国之本，尊孔子为"大成至圣文宣先师"，大力提倡修读四书五经，还根据儒学核心思想制定和颁发了"圣谕"十六条，以规范人们的思想行为。在这样的社会环境下，学术界和教育领域受儒学影响颇深，《弟子规》正是在这样的文化背景中诞生的。

李毓秀是康熙年间的一个秀才，参加科举考试未中后就放弃了仕途而转向治学领域。李毓秀对《大学》《中庸》等儒家经典研读极深，还曾以此为主题讲学，并因讲解精彩、学识渊博而被尊称为"李夫子"。事实上，李毓秀最初踏入教育领域时就已经产生了编写童蒙类行为守则的想法，之后他便以《论语·学而》中"弟子入则孝，出则悌，谨而信，泛爱众，而亲仁。行有余力，则以学文"为中心，列述了弟子在家、出外、待人、接物与学习上应当恪守的系列守则规范，这便是后来经贾存仁修订改编完成的《弟子规》。

第四章 礼：道德教育与处世哲学

《弟子规》全文共360句1080字，语言通俗易懂，文笔自然流畅，是以三字一句、两句一韵编撰而成的三言韵文，内容涉及生活起居、礼貌常识、道德品性、处世之道等几个方面，可分为五个部分，包含孝、悌、谨、信、爱众、亲仁、余力学文七个重点。

《弟子规》中的"弟子"一词指的是"圣贤弟子"的意思，而"规"字是"夫""见"二字的合体，代表的是"大丈夫之见闻"，合起来即为"学童要学习圣贤经典，努力修养，提升自我，做圣贤弟子，成为顶天立地的大丈夫"。其内容也正是依据这一中心设定的，总结来看主要表现为以下几点。

其一，宣扬爱亲尊长的孝悌意识。儒家对"孝悌"是极为重视的，认为其乃"为人之本"，即"首孝悌"，这一观点在《弟子规》中深有体现。当然，《弟子规》并不提倡子女盲目地孝顺父母，而是站在客观的角度，认为子女既要尊重父母，同时也要明辨是非，不能因为"孝"而忽略长辈的过错。

其二，注重个人的品德修养，坚持诚信为本。"诚信"是中华民族的优良传统，也是诸子百家最为重视的品性之一。《弟子规》指出人要以诚信为本，实事求是，将道德培养放在首位，要善于听取别人的意见，敢于承认错误，使自己的内在人格得以提升和改变。

其三，养成良好的生活和学习习惯。好的日常习惯是健康生活的前提，好的学习习惯是知识增长、心性修养的保障。这些习惯具体表现为：珍惜时间、讲究卫生、注重形象、举止得体、态度积极、勤于思考等。

其四，维护良好的人际关系。与人相处要懂得平等仁爱，不要随意看轻

别人或自己，要做到真诚相待，积极发现并学习别人的长处，遇到分歧要求同存异，以德服人，争取实现合作共赢。

《弟子规》用朴实无华的语言和循循善诱的方式，阐述了动人至深的哲理，给予学子们谆谆教诲，告诉他们学习的重要性和做人的道理，在我国清代教育史上产生了不可忽视的影响。

二、《朱子家训》：古代家庭德育范本

事实上，我国历史上存在两篇《朱子家训》。一是南宋理学家朱熹所作，原名叫作《紫阳朱子家训》，"紫阳"是朱熹的别称；一是清代学者朱柏庐所作，又叫《朱子治家格言》。在本节中我们要介绍的是后者。

《朱子家训》（或《朱子治家格言》）是一本以"治家"为核心、专门讲述家庭道德的启蒙读物，作者是清代著名理学家、教育家朱柏庐，也叫朱用纯。《朱子家训》全文仅500余字，短小精悍、言简意赅，对仗工整、韵律和谐，是当时流传甚广、家喻户晓的家教名著。

在格式上，《朱子家训》使用的是骈文的形式。骈文，也称骈体文、骈俪文或骈偶文，是一种文体，起源于汉、魏，形成于南北朝。"骈"本义为"两匹马并驾齐驱"，在这里指语句对仗工整。骈文往往以偶句为主，讲究对仗和声律，读来铿锵有韵，是最能展现汉语独特魅力的一种文体。

在内容上，《朱子家训》虽然集中于家庭领域，但也是相当丰富的。它从治家的角度谈论了安全卫生、房屋田产、婚姻、教育、读书、交友、为官、祭祖等各项事宜以及勤俭、谦和、安分、积德、戒性等品性问题。

《朱子家训》的宗旨是"修身齐家"，其内容也都是围绕这一方面来写的。《朱子家训》将儒家为人处世的方法和中国数千年来的道德教育思想以名言警句的形式表达出来，意在教育年轻一代要有家庭观念，勤俭持家、安分守己，做一个有责任心、明事理、懂生活的人，进而促进家庭圆满、社会和谐。

《朱子家训》首先强调了人的自律，将自律视为人应当遵循的基本规范，认为知识的获得和品性的修养都需要以自律为基础。

其次，《朱子家训》提到了人格的自我完善。唯有拥有完善的人格，人才会成为一个健全的人，这是人成为人之后所必须坚持的修炼和追求的目标。此外，它还倡导人与人之间的相互宽容和尊重、个人与群体及社会之间的和谐相处，强调个人应当先完善自我，再处理好自己与他人、群体及社会的关系。

《朱子家训》之所以能够流传下来，并在三百年间对中国教育产生巨大影响，不仅在于它语言上的通俗简约、便于习读，思想上的厚重博大、予人深思，理念上的明确精练、给人启迪，更在于其内涵可以有多层次、多角度地解读和引申。

换言之，《朱子家训》虽为童蒙教材，但也能让成人从中获得有用的知识或经验。儿童读了此书可以明白做人的道理和行事的规范，对自己今后的成长方向有所认识；家长读了此书可以获得管理家庭、教育子女的方法，从而更好地应对家庭问题。

《朱子家训》自问世以来就很受欢迎，尤其为古代的官宦、士绅家族和书香门第所推崇，被尊为"治家之经"。其中不少内容都被看作是清代的经典家训，如"一粥一饭，当思来处不易；半丝半缕，恒念物力维艰"等，在今天仍然具有教育意义。当我们认真研读《朱子家训》，细细地体会其中的内涵时，就会感受到它的无穷魅力和独特价值。

第四章 礼：道德教育与处世哲学

三、《菜根谭》：儒家经典语录荟萃

有人说，《菜根谭》就像一坛陈酿，越品越是香甜有滋味，无论时隔多久，只要打开仍然会芬芳馥郁。这一评价并非过誉，被称为"古代三大奇书之一"的《菜根谭》的确是有这般魅力的。

《菜根谭》是一部以儒家思想为指导并杂糅道家、佛家思想，论述修养、人生、处世、出世的语录集，作者是明代思想家洪应明。《菜根谭》的名称源于宋人汪革"咬得菜根，百事可做"一说，意为"才智和修养需经过艰苦的磨炼才能获得"。

《菜根谭》全篇分上、下两卷，上卷225则，下卷135则，共360则。结构上采用的是格言的方式，对仗工整，言语简练，文辞优美，兼采雅俗，便于习诵，因此可作为启蒙读物。在内容上，其前后深度和包含的主题有所不同，大致来说可分为两个方面。其一是传达为人处世、修身养性的哲理，教导人勤学致知、敦品励学，警醒人尚德行、轻名利；其二是从生活艺术、山林情趣等角度，阐述了万物一体的宏大世界观以及虚妄真实之理。

《菜根谭》以儒家的中庸之道、佛家的出世思想以及道家的无为思想为核心，将此三家的处世哲学引入社会文化心态重构的价值取向中，将社会文化心态的调整作为社会和谐稳定的重要方面，并将其与每个社会成员的自身修养联系在一起，认为人们应当心体澄澈、心平气和，使自己常处于明镜止水、风和日丽的景象中，不可心存杂念，不可有迁就和妥协，如此才可不断地追求事理、天理，从而获得无穷无尽的智慧。

《菜根谭》中有这样一句话："穷理尽妙，钩深出重渊之鱼；进道忘劳，致远乘千里之马。"意思是说，追求真理要深入才能明白其中的奥妙，正如鱼钩下到深渊才能钓到大鱼；修养品性要不知疲倦才可达到高的境界，正如路要走得远才可寻得千里马。

这句话不但显示出《菜根谭》言语之优美、精练，内容之广博、风趣，更反映出其说理之精妙、通俗。而类似这样的语句在《菜根谭》中俯拾即是，如"钟鼓体虚，为声闻而招击撞；麋鹿性逸，因豢养而受羁縻""苍蝇附骥，捷则捷矣，难辞处后之羞；茑萝依松，高则高矣，未免仰攀之耻""琴书诗画，达士以之养性灵，而庸夫徒赏其迹象；山川云物，高人以之助学识，而俗子徒玩其光华。可见事物无定品，随人识见以为高下。故读书穷理，要以识趣为先"等。

《菜根谭》对于孩童来说，是一本兼具识字识物以及知理功能的启蒙书籍；对于成人来说，则是一本陶冶情操、磨炼意志、奋发向上的通俗读物。它以心学、禅学为核心，融处世哲学、生活艺术、审美情趣为一体，博大精深、妙处不尽，读之令人心明澄净、心旷神怡。

《菜根谭》成书于明万历年间，距今已有约四百年的历史。当时正是明朝社会的中晚期，明政府统治力下降，腐败现象层出不穷，而市民阶级却在不断地发展壮大。一些有见识、有个性的知识分子，既不愿意与当权者同流合污，也不愿意迎合世俗，于是纷纷隐退江湖，将自己高逸超脱的情怀借由作品表达出来，《菜根谭》就是其中的代表。

第四章 礼：道德教育与处世哲学

从这一层面也可以说，《菜根谭》是明代思想高远的知识分子将儒、道、释三家经典思想与自身经验相结合而形成的一套处世出世的法则。这套法则曾经为无数身处迷茫中的人拨开云雾，指点迷津，《菜根谭》也因此被誉为"史上最治愈的书"。

四、以孝道为核心的《童蒙训》

公元1089年，正值北宋中期，身居朝廷要职、德高望重的吕公著在这一年逝世，被追赠申国公，谥"正献"。在葬礼上，刚刚五岁的吕本中联想到曾祖父对自己的爱护，站在堂前大哭不止。此时他还不太懂"孝"为何物，更没想过吕家接连几代都受人赞誉的原因为何。

《童蒙训》也叫《吕氏童蒙训》，是一本以孝道为核心的语录集，也是一部侧重伦理道德教化的童蒙课本，作者是宋代的吕本中。《童蒙训》原本部分内容已经失传，今本源于南宋绍定二年（1229）刻本，已非旧貌。

北宋年间，吕家是著名的官宦之家。从吕本中的高祖父吕夷简到曾祖父吕公著再到祖父吕希哲、父亲吕好问，吕家世代担任国之要职，缔造了一代又一代的辉煌，且人才辈出，广为世人尊崇。

公元1084年，吕本中出生。从小就在严谨的家教和优良的家风中陶冶性情的他，逐渐成长为温文尔雅的少年。在与陈师道、黄庭坚等贤人志士评学论诗、传诵经典的过程中，吕本中渐渐明白了一件事情，那就是为什么吕家历代都能受到世人的尊重和赞扬，以及自己的家族为什么连续几代都有才人涌现。

这个问题的答案是吕本中从自己的童年以及发生在曾祖父、祖父、父亲身上的事迹得出的。吕家之所以能久负盛名，就在于长辈对后辈的谆谆教诲，

第四章 礼：道德教育与处世哲学

使得后辈从幼时起就受到了良好的教化，进而具备端正的思想人格和不断进取的精神。

于是，吕本中有感而发，写下了《吕氏童蒙训》，意在颂扬祖辈功德，使得祖宗的德业能流芳千古，同时也据此勉励后人延续祖辈的辉煌，光宗耀祖。

由于吕氏家族中最注重的是孝道，因此《童蒙训》的内容也是以孝道为核心的。除此之外，它还阐述了明礼、诚信、谨慎、庄重、风节、仁慈、勤劳等方面的道德要求，包含修身养性、为官做人、诗文论述等方面的内容，颂扬了儒家提倡的正统思想。

吕本中作此书是以他的曾祖父吕公著、祖父吕希哲、父亲吕好问的生平为主线，以自身的经历和体会为依据的。他使用语录体的形式对涉及颂扬其祖辈长处的有关人物的点滴事件及言论都进行了详细记载。

《童蒙训》中引用了大量古人的言行事迹以及经典著作中的经典语录，博采诸家之长，以古之思想精华作为教子育人的核心内容，并从实际出发加以论述。正如它开篇所写"学问当以《孝经》《论语》《中庸》《大学》《孟子》为本，熟味详究，然后通求之《诗》《书》《易》《春秋》，必有得也。既自做得主张，则诸子百家长处皆为吾用矣"。

时过境迁，作为一部侧重于儒家伦理教化的古代家训，《童蒙训》中的闪光成分仍是值得我们借鉴的，不论何时都耐人寻味。

五、古之学生守则:《弟子职》

中国有着数千年的文明史,对教育的重视古来有之。从蛮荒战乱的早期文明开始,伴随着私学之风的兴起,尊师重教的优良传统逐渐成形并发扬开来。而作为我国最早的校规学则,《弟子职》中就蕴含了丰富的尊师重教思想。

《弟子职》选自《管子·杂篇》,顾名思义即弟子们应当遵循的规矩,用现代话形容就是学生规范守则,郭沫若认为《弟子职》当是齐国稷下学宫的学生守则。《弟子职》全文800余字,从事师、受业、馈馈、洒扫、坐作、进退之礼等方面阐述了古代学生应当遵循的礼仪和规矩,对各类相关事项都做了详细的记载,堪称一部内容最全面、记述最清晰、篇章最完整、年代最久远的校规学则。

尊师重教是《弟子职》最核心的内容。西周时期,中国社会就已经形成了"天地君亲师"的思想,春秋时期开创私学的孔子被尊称为"万世师表",此后歌颂教师功德的著作也大量涌现。

《弟子职》通过详细描述古代课堂的情景,勾画出兢兢业业地传道授业解惑的教师形象和小心翼翼、朝益暮习的学生形象,告诫儿童要注重进德修业事师之规,并周而复始循弟子之纪。

当然,《弟子职》在对学生作要求的同时,对教师的品性德行也有强调,指出先生是道的化身,肩负着教育年少一代的重任,因而要具备渊博的知识、敬业的精神和完美的人格。

第四章 礼：道德教育与处世哲学

除此之外，《弟子职》还涉及笃学尚行、修德明理以及学习方法、学习习惯等内容。如"温恭自虚，所受是极。见善从之，闻义则服"说的是人只有谦虚好学才能学到真知识，要时刻向贤者学习，并将其付诸实践；"先生既息，各就其友，相切相磋，各长其仪"则是在教导弟子们对学习过的内容要及时思考消化，晚上的时候可以和同学们聚在一起，相互交流心得、切磋所学。

关于待人接物、讲究卫生、长幼之序等方面，《弟子职》中也有讲述，可见其内容之丰富广泛。从这个层面来看，《弟子职》不仅是一部优秀的童蒙书籍，更是一部对于研究中国古代礼仪和教育非常有价值的文献，因为它所阐述的内容是非常真实和完整的。

不过，不可否认的是，《弟子职》中也存在很多不当的内容。比如它过分强调学生对师长的尊重敬爱，将尊师上升到与孝相提并论的高度，列举了不少对学生尊师的苛刻要求，甚至把学生看作老师的仆人，要求他们周而复始地像劳役般伺候自己的老师。这些内容放在今天显然是不可取的，教师和学生之间应当是双向的交流和尊重。老师以高尚的品格、渊博的知识带领学生走出迷茫，抚慰他们的懵懂胆怯；学生抱着感恩的态度，用天真和纯洁以及所学成的种种知识技能表达对老师的爱戴。

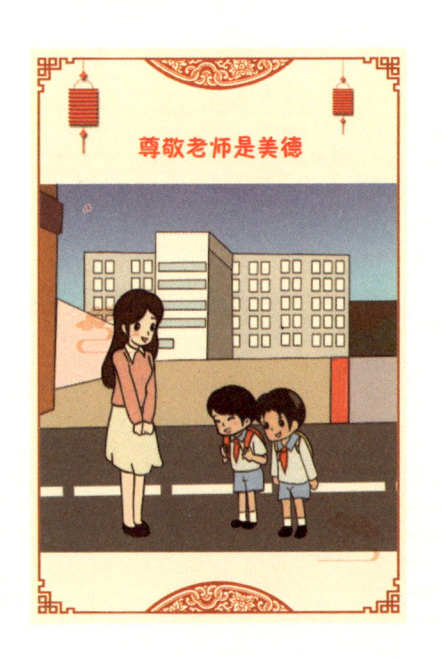

事实上，在以孝道为重的封建社会，《弟子职》将学生对于老师应有的尊重在表面上极度地夸大了。

《弟子职》中的尊师重教思想、礼仪知识教育在不同时代的解读是不同的，但其价值和对于现实的意义毋庸置疑。我们读《弟子职》时不但要看到其对于学生的要求和蕴含的古代教育思想，也要看到中华民族对于教育的重视。

六、《霍渭厓家训》的现实意义

家，对于我们中国人来说有着特别的意义和精神价值，中国人对于家的认知是全面而深刻的。家训、家风作为家或家族的重要文化组成部分，是家庭成员德行成长、自我认同的依据，是家族得以延续的保障。

《霍渭厓家训》是明代官宦家庭霍家的家训，由霍韬编成。霍韬平生博学多才，勤奋进取，世称"渭厓先生"，《霍渭厓家训》之名正是源于此。

霍韬出生于庶民家庭，他于正德九年（1514）考中会试第一名，后走上仕途，官至礼部尚书。嘉靖年间，"大礼议"斗争之时，霍韬力排众议支持世宗，他援引古礼，揆之事体，义正词严，深得嘉靖帝赞赏，由此闻名朝野。

从霍韬开始，霍氏家族向文化家族转变。霍韬讴歌能传家学之族，意在应对家族的现实发展需要，延续家族的兴盛和辉煌。

嘉靖四年（1525），霍韬创建了霍氏宗祠，建立了由宗子、家长以及田纲领、司货组成的宗族组织，使得霍氏家族发展成为完备的宗族组织形态。为了增强宗族的凝聚力，他创立了"会膳"制度。为了保证霍氏及乡里子弟的学识素养，他还创立了两个书院，一个是石头书院，一个是四峰书院，前者教育乡里子弟，后者专门招收霍氏子弟。

在霍韬进行宗族建设的过程中，《霍渭厓家训》的撰写也是很重要的一环，属于族规家法的制定，是霍氏族人做人行事的基本准则，也是延续优良家风和家族精神的重要保障。

霍韬所撰写的《家训》实际上有两个系统，一个是《霍渭厓家训》单行一卷本，另一个是明万历四年（1576）所刊《渭厓文集》中收录的《霍渭厓家训》，分为《家训前编》与《家训续编》两个部分。

在《家训前编》的序言中，霍韬表明他作家训的核心思想是"保家"，保家自然需要治家才能实现，家训就是治家的依据。《霍渭厓家训》讲述了与家庭相关的多个方面的内容，包括礼仪、德行、学习、劳动等，体现出霍氏应对社会现实，尝试宗族组织化的痕迹。

在中国宗族史上，明代中后期是一个非常关键的时期：宗祠的普及和宗族乡约化都是在这一时期完成的，佛山地区的宗族制度也是在这一时期确立的。霍韬的宗族建设可以看作是佛山地区宗族制度化的先导。

在经济发展的上升时期，一个深受儒家思想渗透的基层社会家族，特别是在出现高官引起朝廷重视的情况下，如何保持不败，怎样从经济富有家族向文化家族转变，这是霍韬家族在当时面临的问题，也是《霍渭厓家训》的主要内容。

《霍渭厓家训》中应对转变的社会、经济、文化而作出的反应，或许对今天的我们也能产生深刻的启示。

七、以方言俗语写成的《女小儿语》

《女小儿语》是古代教育女孩的一部启蒙读物,是专门写给女童的品德教养规范。其中有一些内容,在今天也是值得女孩子们去学习并付诸实践的。

《女小儿语》成书于明代,作者是明嘉靖年间的学者吕得胜,也称吕近溪。吕得胜生活的时代,民间流传着一些诸如"东屋点灯西屋亮"之类的儿歌,这些儿歌通俗易唱,很受小朋友们的喜爱。但吕得胜在研读了这些儿歌后,认为它们虽然旋律简单、易于传唱,却毫无教育意义,尤其是在幼童品德修养方面更是没有益处。基于这样的原因,吕得胜编写了新型的兼具通俗性和教育意义的儿歌,一部是针对男孩的《小儿语》,另一部就是针对女孩的《女小儿语》。

《女小儿语》全篇共1000余字,分为女德、女言、女容、女工、通论和杂言六章,另有补遗一章,格式上使用的是四言、六言、杂言的韵文形式。《女小儿语》内容浅显易懂,既根据儿童的特点给出了不少修身养性的方法,也具备一定的哲理性,因此自问世以来就很受儿童及家长的欢迎,在民间流传甚广。

《女小儿语》对女孩品修教养的各个方面都给出了标准和规范,包括品性修养、言谈举止、形容、着装、女红等,比如《女容》这一章中写道:

口要常漱,手要常洗,避人之物,藏在背里。

脚手头脸,女人四强,身子不顾,人笑爹娘。

第四章 礼：道德教育与处世哲学

妇女妆束，清修雅淡，只在贤德，不在打扮。

不良之妇，穿金戴银，不如贤女，荆钗布裙。

偷眼瞧人，偷声低唱，又惹是非，又不贵相。

衣服整齐，茶饭洁净，污浊邋遢，猪狗之性。

作者认为女孩要知道整洁，不能随意邋遢，要自重自爱，与人相处要有分寸，同时也强调了品行的重要性。如果品行不端，外表再靓丽、穿戴再华贵也掩盖不住丑陋的本性。而有德行的女子，即使穿着粗衣布裙，略施粉黛，也足够明艳动人。

在吕得胜看来，女子要注重外表形象，但这种注重是从内而外自然而然散发出来的，而不是刻意为之。换句话说，如果女孩子内心充盈，品性端庄，那么她就会自然而然地表现出得体的言行，养成良好的习惯。作者的这番话，对于当代女孩的教养的习得也具有重要的参考意义。

类似这样的内容，《女小儿语》中还有很多，这些都是值得我们去学习的。当然，由于其教育的对象是古代的女孩子，因而其中也避免不了存在封建思想的遗痕，对此我们要懂得舍弃，如"三从四德，妇人常守""只怨自家有不是，休怨公婆难服事""美女出头，丈夫该愁""大妇爱小妻，贤名天下知""妇人口大舌长，男儿家败人亡"等文字无不充斥着封建伦理色彩，这在当今文明社会是不可取的。

可以说，《女小儿语》是古代较为成功的一部女性教育读物。虽然其存在不少的缺陷，但确实是源于时代和历史的原因，是可以谅解的，而我们能做的就是取其精华去其糟粕。

第五章

韵：声律知识与诗歌选本

一、《声律启蒙》：儿童声韵格律训练的启蒙教材

声律是中国古代诗文和骈文在声调、格律、音韵方面的特征和要求。声律启蒙对于古代的幼童来说是非常重要的，而在今天也同样具有必要性。它不仅可以从小培养学生的良好语感，更是传承中华传统诗词文化的需要。

作为中国古代重要的文学形式，诗词和对联流传千年，至今依然保持着旺盛的生命力，由此可见声律在我国传统文化中的重要性。在古代，儿童自进入私塾起就要进行音韵和格律方面的训练，对声调、音韵、格律等进行一定程度的学习和掌握，于是一些相关的书籍应运而生，《声律启蒙》是其中较有代表性的一本。

《声律启蒙》是清代时用于训练儿童应对掌握声韵格律的启蒙教材，作者是康熙年间的进士车万育。如今我们使用的是清代光绪年间成都魏朝俊"墨耕堂"的私藏版本，与原本相比有所删改和修订。

《声律启蒙》按照平水韵三十个韵部分编，用相应的韵脚对应词、诗文、对句的形式编写成韵文，全书分为上、下两卷，每卷十五章，即十五个韵目，每章约230个字。

《声律启蒙》包罗天文、地理、花草、树木、人物、鸟兽、器物、工具等的虚实应对，让孩童在声韵格律训练的同时也能获得识物普及。

具体来看，《声律启蒙》具有以下几个特点：

一、根据平水韵三十个韵目编排，从单字到多字层层属对，相较于全三

第五章 韵：声律知识与诗歌选本

言或四言句式更多变，也更有韵味。

《声律启蒙》上卷有"一东、二冬、三江、四支、五微、六鱼、七虞、八齐、九佳、十灰、十一真、十二文、十三元、十四寒、十五删"，下卷有"一先、二萧、三肴、四豪、五歌、六麻、七阳、八庚、九青、十蒸、十一尤、十二侵、十三覃、十四盐、十五咸"。以"一东"为例，平水韵部表中的第一个韵目为"ong/eng"韵，韵目以第一个韵脚命名的，"东"是韵目的第一个字，所以称"一东"。

对句结构上单字对、双字对、三字对、五字对、七字对、十一字对，如"春对夏，秋对冬，暮鼓对晨钟""花开红锦绣，水漾碧琉璃""秋雨潇潇，漫烂黄花都满径；春风袅袅，扶疏绿竹正盈窗"……读来声律协调，如同唱歌一般。

二、行文注重平仄，音韵和美，格律和谐；应用由简至繁，循环往复出现。

如"琴对瑟，剑对刀，地迥对天高。峨冠对博带，紫绶对绯袍。煎异茗，酌香醪，虎兕对猿猱。武夫攻骑射，野妇务蚕缫。秋雨一川淇澳竹，春风两岸武陵桃。螺髻青浓，楼外晚山千仞；鸭头绿腻，溪中春水半篙"，每一篇韵文都有三节，结构与节奏相同，对词或对句前后押韵，平仄有序，声律协调。

三、内容涵盖广博，善于使用典故和各类写作手法。

在内容选材上，《声律启蒙》无所不包，并且在对句中常使用历史典故，巧妙地运用叙事、抒情、议论、咏史等多种手法，精辟而简练地表达出对历史事件、人物、论述的看法，句子富含哲理性，引人深思，耐人寻味。这对

《声律启蒙》古书

幼童来说，是极为宝贵的学习内容。

学习《声律启蒙》能让儿童对声韵格律有一定的认识，了解其应对规则，学习吟诵方法，在此基础上丰厚诗歌底蕴，并进行实践运用。

语言学家吕叔湘曾说："语文教学的首要任务就是要培养学生各方面的语感能力。"而声律启蒙训练正是与培养语感紧密相关的一个重要环节。声律是我国诗词理论上的瑰宝，了解它，有利于儿童更好地去学习、欣赏我国灿烂的诗词艺术，认识中华文化的厚重精深，传承中华优秀的传统文化。

二、《笠翁对韵》：讲述对仗、用韵的书籍

与《声律启蒙》极具相似性，《笠翁对韵》也是关于声韵音律的启蒙读物。不过具体来看，两者还是有着很大的不同的。

《笠翁对韵》的作者是明末清初的著名戏曲家李渔，其创作时间要比《声律启蒙》早一些。李渔原名仙侣，字谪凡，号天徒，中年改名李渔，字笠鸿，号笠翁，《笠翁对韵》正是得名于此。

《笠翁对韵》与《声律启蒙》都是用来让儿童熟悉对仗、用韵、组织词语的启蒙读物，拥有很多相似处，主要体现在格式和内容取材上。

格式上，《笠翁对韵》也是采用平水韵三十个韵目分编，以相应的韵脚对应词、诗文、对句的形式编写成韵文，对句时，也是从单字对到双字对、三字对、五字对、七字对到十一字对。全文6400余字，亦分为卷一和卷二，每卷十五章，分排十五个韵目，卷一为"一东、二冬、三江、四支、五微、六鱼、七虞、八齐、九佳、十灰、十一真、十二文、十三元、十四寒、十五删"，卷二为"一先、二萧、三肴、四豪、五歌、六麻、七阳、八庚、九青、十蒸、十一尤、十二侵、十三覃、十四盐、十五咸"。

内容取材上，《笠翁对韵》也是天文地理、人事器物无所不有，从山川鸟兽、日月星辰、云雾风雪到四季轮回、花草树木、人间烟火，各种景象事物虚实相对，再添有典故轶事串联说理，可谓知识丰富，哲理深厚。

两者的区别主要体现在创作目的上。

与《声律启蒙》训练儿童应对并掌握声韵格律的目的不同,《笠翁对韵》主要是用来让儿童在学习写近体诗、词前熟悉对仗、用韵、组织词语的,程度上相较于前者略有浅显,但整体上也是一本集识字、识物、语感培养为一体的启蒙书籍。所谓近体诗,就是旧体诗中的格律诗,必须押平声韵。通过学习《笠翁对韵》,儿童能够熟悉并记忆韵脚,明确律诗的对仗形式和句法,对仗形式如单字对、七字对、流水对、扇面对,句法如主谓宾、偏正词组、省略主语、一二二结构、二二三结构等。

中国的汉语言文字博大精深,不仅具有表意功能,同时具有表音功能和音韵美,"低吟缓诵之际,但觉音韵铿锵,词藻华丽,妙不可言"。我国传统蒙学尤其重视在启蒙阶段通过诵读训练使得孩子们具备一定的声律知识,体会中国汉语言的音韵美,进而形成良好的汉语语感,《笠翁对韵》在这一过程中起到了不可忽视的作用。

有人称《笠翁对韵》为一本"奇书",它也自然有被称奇的道理。此书节奏铿锵,声调和谐,辞藻优美,语言简练,称得上儿童声律启蒙佳作。不仅在古代是儿童声律启蒙教育的优选教材,直至今天,"天对地,雨对风,大陆对长空,山花对海树,赤日对苍穹"的悠扬韵律也依然飘荡在校园的上空。

三、《千家诗》——唐宋名家名篇

诗歌在中国文学史上的地位是不言而喻的。从《诗经》开始,诗歌一路高歌猛进,穿西周、两汉至魏晋南北朝,过唐朝到宋元明清,每一个朝代都有其与众不同的亮彩,但要说诗歌的巅峰时期,非唐宋莫属。

《千家诗》是一本唐宋诗歌选集,也是明清时期流传极为广泛、影响很深的蒙学读本之一。当今人们提到传统蒙学读物,除了"三百千"的说法,还有"三百千千"的说法,多出来的"千"字即代表《千家诗》。

《千家诗》的作者并非只有一人。该书是由宋代谢枋得选、清代王相注的《重订千家诗》(皆七言律诗)和清代王相选注的《新镌五言千家诗》合并而成的,共收录了122家的作品,其中绝大部分为唐宋时期的名家名篇,共有诗歌226首。122家中有唐代65家,宋代53家,明代2家,无从考察年代的无名氏作者2家。其中选诗最多的是杜甫,共25首;其次是李白,共8首。

《千家诗》所选的诗歌均为律诗或绝句。律诗是中国传统诗歌体裁之一,起源于南朝,于唐代正式定型,因在字句、押韵、平仄、对仗等方面要求严格而出名;绝句也叫绝诗、断句、截句,源于汉魏六朝的乐府短章,兴盛于唐代。

律诗常见的类型有五律、七律和排律三种。五律规定每句五字;七律则是每句七字,每首八句;超过八句的律诗,就被称为长律或排律。律诗限定押平声韵，且一韵到底，每句的句式和字的平仄都有要求，每首中间两联必须用对偶。

绝句每首四句，通常有五言、七言两种，简称五绝、七绝，也偶有六绝。唐以前，绝句的押韵平仄都比较自由，被称为古绝；唐以后的绝句格律等同于八句律诗中的前后或中间四句，对格律要求变得严格。绝句在形式上简短灵活，适用于抒发一时情怀，因此受到诗人们的广泛青睐。唐朝绝句创作之繁荣超过其他各体诗，留下了不少千古名篇，擅作绝句的诗家数不胜数，如李白、杜牧、王维、白居易、王昌龄、李商隐等。

《千家诗》收录的诗歌在内容上选材多样，包括山水田园、赠友送别、思乡怀人、咏史怀古、咏物题画、侍宴应制等题材，极大地反映了唐宋时期的社会风貌和文人墨客的思想情怀，让儿童在熟悉诗歌韵律的过程中也能对历史有一定的了解。

古代的诗人

也正因为如此，《千家诗》从问世一开始就受到了广大读者的青睐，其后"千家诗"的名字更被广泛采用，出现了《国朝千家诗》《醒世千家诗》《官厅湖畔千家诗》《岭南千家诗》等一系列诗歌选集。

诗歌是中华传统文化中的灿烂篇章，是古代文人为我们留下的精神财富，《千家诗》中的诗歌更是诗歌史上的精华所在，经过历代的传诵，早已成为不朽的名篇，影响着一代又一代的年少学子。

四、《神童诗》：五言绝句诗集

"墙角一枝梅，凌寒独自开。遥知不是雪，为有暗香来。"这首我们熟悉的《梅花》在《神童诗》中就出现了。那么，《神童诗》究竟是一本怎样的诗歌著作呢？

《神童诗》这名字一听，就会让人不禁将之与神童联系在一起。事实上，"神童诗"原本的意思就是少年神童所作的诗歌。

《神童诗》一卷旧传为宋代汪洙所撰，共三十四首。那么汪洙是何许人也？汪洙是宋代元符年间进士，相传其自幼聪颖，诗才横溢，九岁时就能赋诗，被称为"汪神童"。汪洙写了很多便于孩童诵读的五言绝句诗，一些私塾先生就从中整理了三十多首汇编成集，题为《汪神童诗》。

后来，有人在《汪神童诗》的基础上增加了不少其他人的诗，编成了《神童诗》。现今流传的《神童诗》是经历代编补修订而成的，除了汪洙的作品，还有隋唐至南北朝时期的诗歌，也并非都是少年神童之作。

如今，《神童诗》这一名称，不妨理解为两重含义，一是神童所作的诗歌，二是有助于培养神童的诗作。

《神童诗》作为带有启蒙意义的诗歌读本，之所以流传甚广，除了"神童"的噱头外，还在于它的作用，一是对于儿童人生的启蒙，二是对于儿童诗才的启蒙。

诗集中的十五首劝学诗以及《状元》《言忠》《帝都》《四喜》等表达科举

及第喜悦心情的诗歌，都可以看作是在当时社会环境下对于儿童的人生启蒙，意在鼓励儿童从小刻苦学习、积极进取，将科举做官作为人生目标，以便长大成人后获取功名、光宗耀祖。当然，以现在的眼光来看，这样的劝学方式已经无法引起我们的共鸣，但其中强调的对于学习的态度以及学习的重要性至今也不乏参考价值，如"少小须勤学，文章可立身""学问勤中得，萤窗万卷书""自小多才学，平生志气高"等。

而诗集的后半部分中从《早春》到《除夜》的十六首诗描写的则是四时的景象变化，以及人们在这变化中的心境转换。这可以看作是对孩童诗意的启蒙。孩子们追随着诗歌的步伐，慢慢体味四季的景物变迁，拥抱自然、感受自然，发现自然的美，发现诗歌的美，从中获得诗歌学习与自然现实相关联的快乐，进而激发他们在诗歌创作上的热情。

既有"神童"名号，又有切实的作用，这样的一本书籍自然是极受欢迎的。宋以后上过私塾的人大都读过《神童诗》，他们对诗歌的兴趣也正是从这本书开始培养的。

《神童诗》中的诗作短小精悍、浅显易懂，抛去其中不符合当下价值观的内容，对于今天的儿童启蒙也是非常适宜的。因为不论何地，无论古今，读书和学习都是应当受到极大重视、大力提倡的。

第五章 韵：声律知识与诗歌选本

五、《金璧故事》：作诗及楹联教学

> 这是一本昔日八国联军入侵中国后劫走的书籍，曾静静地收藏在德国柏林人种博物馆的橱窗中。而在它的身上，关于历史的神秘气息远不止此。

作为一部失而复得的书，《金璧故事》一直以来都没有单本流传，仅保存在《永乐大典》卷九〇四中。

《金璧故事》全文12000余字，共记载了自春秋以来有史可载的人物故事250余条。作者将这些故事以七言绝句的形式写出，又如楹联般每两句为一联，互相对仗，既有诗歌的韵律，又有对对子的才思，能够很好地训练儿童的创作思维，为其打下扎实的写作基础。

在内容上，《金璧故事》以人物典故为核心，并涉及多个方面，包括天文地理、植物动物、器物、神话、历史、情感、诗词等，既有人世间的悲欢离合，也有自然界的斗转星移，浩瀚而广博。值得一提的是，作者每提到一个典故，都会做补充说明，将其相关的事件以简短的语言叙述清楚，以便于读者理解，既讲故事，又给出许多常识性知识，且富含哲理，读来既生动有趣，又引人深思。

如作者写"东篱黄菊攀陶令，西蜀朱樱赠杜公"时，为前句注释：晋陶渊明为彭泽令，宅边种丛菊，九月九日，出坐菊边，采菊盈把。忽有白衣吏送酒至，乃江州太守王弘使人来也。陶渊明遂饮醉而归。作诗云："采菊东篱下，悠然见南山。"又为后句注释：唐杜甫《咏樱桃》诗云："西蜀樱桃也自红，野人相赠蒲笱笼。金盘玉箸无消息，此日尝新任转蓬。"

  作者以东篱黄菊与陶渊明的典故和西蜀朱樱与杜甫之间的联系作对，并将其中的关系做了解释。关于陶渊明与菊花的故事，是说陶渊明任彭泽令期间喜欢在住宅边上种菊花，一年九月九日重阳节，陶渊明外出归来坐在菊花丛旁采了一捧菊花，恰在这时，有一个白衣小吏受江州太守之命送酒而来，陶渊明就乘兴喝了起来，大醉后写下了"采菊东篱下，悠然见南山"的诗句。至于杜甫与朱樱的渊源，写的是杜甫寓居蜀地时，山野之人赠送他西蜀的红樱桃，让他想起了当年皇帝恩赐的樱桃，自己是捧着走出大明宫的，而如今早已物是人非，金盘玉箸相隔遥远。

  又如"断蛇帝子英雄在，射虎将军勇敢名"，说的是汉高祖刘邦为赤帝之子的身世传说以及西汉飞将军李广射石的事迹。作者在其后解释，汉高祖刘邦担任泗上亭长时，有一次外出行到半路，走在前面的人来报说前方有大蛇挡路。当时在泽中亭喝了不少酒的刘邦已有醉意，不以为然道："壮士行，何畏！"遂拔剑斩蛇。后来有人听闻大蛇所在处有一个老妇人啼哭，便上前问其缘由，老妇说她的孩子是白帝之子，化作蛇当道，结果被赤帝之子斩杀了。西汉文帝时期，李广从军抵抗匈奴，他善骑射，有勇有谋，被匈奴人称为"飞将军"。李广有一次外出打猎时将草丛中的石头当成了老虎一箭射了过去，结果整个箭头都射进了石头里。但后来李广多次重复，却再也没能把箭射进去。

  以上两个对联、四个典故仅仅是内容的举例，《金璧故事》全文皆是这样的内容。"老骥伏枥""凿壁偷光""项庄舞剑""一骑红尘妃子笑"等历史事件和传说故事都能在其中找到，可见其内容之丰富有趣，知识之广博深远，因而该书称得上是一本极为优秀的发蒙读物。

第六章

史：历史知识与思想引导

一、国学经典启蒙读本《孝经》

孝道从古至今都是中国人极为推崇的德行,在古代甚至被看作"百善之先"。父母生养子女、子女孝养父母,这是天经地义的事情。《孝经》以中华民族的优良传统"孝"为核心内容,意在教育人们懂得感恩,以"孝"为起点,修养心性,成为一个对社会有用的人。

《孝经》是一部以"孝"为中心的政治伦理著作,包含了孝道、如何实行"孝"以及怎样以"孝"来治理国家等内容,是儒家经典著作之一,也是一本适用于儿童阅读的启蒙读物。

《孝经》是孔子"七十子之徒之遗言",成书于秦汉之际,于西汉统治者宣扬"以孝治理天下"后而备受瞩目,全书约2000字,分为18章。

第一章《开宗明义》是全文的总领,主要概述了"孝"的意义和重要性;第二章至第六章,按照天子、诸侯、卿大夫、士人、庶人的阶级顺序,说明了不同地位的人需要遵循的孝道标准;第七章至第九章,主要讲述了"孝"的地位和作用,以及其在治国、教化方面的运用,如君王如何进行"孝治"、圣人如何利用孝道感化众人等;第十章、第十一章以及第十五章、第十七章、第十八章讲的是在实际生活中对"孝"的实践以及相关问题的解读,如该如何尽孝,不孝的行为有哪些,父母犯了错误孝子该如何处理等;第十二章至第十四章以及第十六章可以看作是对以上内容的补充,对"孝"被看重的原因作了解释,且讲述了孝道与扬名后世、感应神明之间的关系,表明一个人会因忠孝而流芳百世，也会因为极孝而达到与神明相通的境界。

《孝经》主张将"孝"贯穿于人的一切行为之中，将宗法等级关系与君主思想联系在一起，认为"孝"要"始于事亲，中于事君，终于立身"，即"孝"就是以孝顺父母为基本，进而忠心服务君主，并以此为要求来修身养性，立于世间。正所谓"身体发肤，受之父母，不敢毁伤"，是孝之始；"立身行道，扬名于后世，以显父母"，是孝之终。

在此基础上，《孝经》又根据人的不同身份和地位对实行"孝"的要求和方法做了系统而详细的规定：天子之"孝"要求"爱敬尽于其事亲，而德教加于百姓，刑于四海"；诸侯之"孝"要求"在上不骄，高而不危，制节谨度，满而不溢"；卿大夫之"孝"要求"非法不言，非道不行，口无择言，身无择行"；士阶层的"孝"要求"忠顺事上，保禄位，守祭祀"；庶人之"孝"要求"用天之道，分地之利，谨身节用，以养父母"。最后将"孝"的社会作用推而广之，认为"孝悌之至"就能够"通于神明，光于四海，无所不通"。

《孝经》古书

我国"孝道"的思想萌生已久，春秋时期孔子对"孝"做了系统的阐述，并将此作为儒家伦理思想的主要内容之一。对于儿童而言，感悟"孝"之内涵，学习"孝"之德行，也是人生启蒙中必不可少的内容，甚至于相较其他方面更为迫切和必要。

相比于其他童蒙书籍，《孝经》的内容的确有些深奥，但这并不影响它在启蒙教育中的作用。换句话说，在读《孝经》时，儿童可能并不能完全理解其中的内容，但"孝"的意识却能深深地留在他/她的心中，潜移默化地影响着他/她今后的行为举动。

《孝经》自问世后备受历代儒士推崇，在唐代时被尊为经书，南宋以后被尊为儒家十三经之一，在中国漫长的社会历史进程中，对传播和维护社会伦理和社会秩序起了很大作用。

二、《蒙求》：讲述人物故事的书籍

"蒙求"成为古代启蒙类书籍的通用体裁，就在于《蒙求》一书。它算得上是"蒙求体"蒙学教材的开山鼻祖和掌故知识类课本的模板。《十七史蒙求》《历代蒙求》《龙文鞭影》等书籍都是在仿照它的基础上写成的。

《蒙求》成书于唐代，作者是唐代诗人李翰，世称"李氏蒙求"。这部作品代表着蒙求类读物的起始，在它问世之后，以"蒙求"为名的读物不断产生，"蒙求"便在长期的封建教学中成为一种体裁。

李氏《蒙求》全文共计2000余字，每四个字是一个主谓结构的短句，共596句，上下两句成为对偶，包含592个历史人物典故。全书所讲的内容以真实的历史人物故事为主，也有神话传说和奇闻轶事，此外还杂糅各科知识，包括天文、地理、自然、战争等方面，可以说是相当丰富的。

在隋唐五代时期，《蒙求》称得上当时所有蒙学教材中的佼佼者，它写作水平高，寓意深厚，因此能够在中唐到北宋百年间广为流传，成为那一时期最为流行的经典蒙学读物。

李翰的《蒙求》作为一部以独特的优势流传久远的古代蒙学教材，在知识和德育方面都有着极高的教育价值。虽然随着时代的发展，它已经渐渐被世人遗忘，但是其所包含的大量的道德教育内容在今天仍是值得我们关注的。

有教育专家指出，《蒙求》与蒙求类蒙学读物通过成语、楹联、典故等方式向童蒙展现我国优秀的传统文化精华，表明我国注重伦理道德修养的丰厚文化底蕴。它们通过个体、家族、习得、社会四个维度来区分不同层次的德育因素,并将之概括为修身养性、伦常和睦、诚笃尚才、志平天下四个方面。

《蒙求》的道德教育思想分为仁爱忠诚、正直守信、温让恭俭、义礼谦让、孝敬长辈、慈爱教诲等,基于此选取了自立自强、忠于国家、清廉刚正、仁爱侠义等内容,希望通过这些知识的传播,使儿童逐渐具备敢于拼搏、勤奋刻苦、忧国忧民的品质和精神,并将这些用于现实的生活中。

独特的体裁、简单明了的格式、通俗流畅的语言风格、别具一格的道德思想,《蒙求》在现代亦称得上是儿童道德启蒙教育的典范。

现代社会的物质文明达到了前所未有的高度,同时也要加强精神文明建设,诸如《蒙求》一类的蕴含着丰富伦理道德教育思想的古代蒙学教材可以与现代教育相结合,在现代儿童启蒙教育中发挥它们的作用。

三、《十七史蒙求》：历史典故书籍

> 宋代时，史学迅速发展，历史教育的发展也因此被推动起来。而作为历史教育重要载体的历史类蒙学教材，在这个阶段也有所创新和发展，《十七史蒙求》就是其中的代表作品之一。

《十七史蒙求》是北宋学者王令所著的蒙学教材，全书共3000余字，分为16卷目，内容涉及圣君、贤相、忠臣、义士、文人、武夫、孝子、烈妇、功业等。

那么，《十七史蒙求》的书名为何意呢？"十七"的解释为十分之七，最早见于《庄子·寓言》中的"寓言十九，重言十七，卮言日出，和以天倪"。郭象注："世之所重，则十言而七见信。"苏轼的《范景仁墓志铭》一文中也有此意："以今赋入之数十七为经费，而储其三以备水旱非常。""蒙求"意为蒙昧之人请求不断解答疑惑，见于《周易·蒙卦》"匪我求童蒙，童蒙求我"，后世常用作启蒙书名。

古代的历史类蒙学教材主要有蒙求体、歌诀体、千字文体、咏史诗体四种编写形式，以及断代史、通史、古代史等体裁。《十七史蒙求》是一本蒙求体通史类教材。格式上，它采用的是四言韵文的形式，内容上以历史典故为主，用简单的句子生动地介绍了许多富含哲理的历史故事。从整体上看，《十七史蒙求》的编纂特点是在突出育人功能的同时，又在传播历史知识和培养史学意识方面起着重要作用。

关于以上提到的这一特点，作者在序言中就已经说明。王令表示，他编写《十七史蒙求》就是想通过对历史知识的讲解，向童蒙传达"忠孝仁义"的传统伦理价值观念，给予他们学习上的知识积累和为人立世上的经验启发。

众所周知，价值观念往往是抽象的，是不容易被深刻理解的。尤其是对于小孩子来说，所谓的"仁义礼智信"更是枯燥无味，如果直接将这样的内容摆在孩子面前，必定会降低他们的学习兴趣，也不利于正确价值观的树立。

但是，当这些抽象的价值观念通过故事的具体形式传达给儿童时，则会达到事半功倍的效果。蒙求类历史读物正是运用历史故事生成情境，让学生在具象的、生动有趣的情境中感悟价值观，对价值观获得正确、深刻的理解，从而达到价值观教育的目的。《十七史蒙求》是其中对此运用最为精辟的代表作品之一，它所选用的故事大都富含教育意义。

例如书中所使用的"吉不道恩，韩非报辱"两个典故，以西汉名臣丙吉做好事不讨要恩情和韩非以德报怨的故事，创设了鲜活的情境，将"仁义"的概念融入其中，使得学生们可以带着浓厚的兴趣学习去感悟，并在这个过程中构建自我价值观念。

总的来说，《十七史蒙求》不仅能够帮助学生多方位、全面地理解抽象的价值观概念，还能让他们获得更多知识，并将这些知识灵活应用于复杂多变的现实社会，帮助自己更好地学习和生活。

第六章 史：历史知识与思想引导

四、小学生的趣味读物《龙文鞭影》

"龙文"二字在古代指良马、跑得快的马，"鞭影"即马鞭的影子。传说龙文无须鞭打，见到马鞭的影子就会疾驰。以此为名，表示这本书可以达到"师逸而功倍"的效果，也就是说儿童读了它可以受到勉励，发奋图强、激励进取。

《龙文鞭影》原名《蒙养故事》，是明清时期极为有影响力的一部蒙学书，原书编纂者是明万历年间进士萧良有。

格式上，《龙文鞭影》是以四言形式写成的韵文，全文4000余字，每四字组成一个主谓结构的短句，上下两句对偶，事例呼应，音律相合。

内容上，《龙文鞭影》以历史人物的典故和逸闻趣事为主，也有传说人物的故事。其所选取的事例不仅仅是讲述历史知识，还带有强烈的勉励意味和为人处世哲学，如"霍光忠厚，黄霸宽和。桓谭非谶，王商止讹。隐翁龚胜，刺客荆轲。老人结草，饿夫倒戈，奕宽李讷，碑赚孙何。子猷啸咏，斯立吟哦"，不仅包含很多名人轶事，还通过这些历史典故告诉孩子诸多处世哲学。

从思想上看，限于当时的社会政治环境，《龙文鞭影》难免存在宣扬封建思想意识的内容，但大部分内容都是正面的、积极的，对于儿童端正学习态度、获取人生经验有很大的作用。

在古代传统蒙学读物中，《龙文鞭影》有着很高的地位，其价值与功能与《三字经》《百家姓》《千字文》相比也毫不逊色。

《龙文鞭影》的内容及格式袭承自唐代李翰编著的《蒙求》。《蒙求》开了以介绍掌故和各类知识为主要内容的儿童识字课本之先河，在它之后，一系列掌故、知识类蒙书开始涌现。明万历年间，时任国子监祭酒的萧良有也注意到了这类书籍对于少儿教育的重要性，就亲自搜集资料编纂了《蒙养故事》。

国子监是古代的官方最高学府，祭酒相当于现在的校长之职。能担此重任，可见萧良有之博学和名望。萧良有自幼时就十分好学，聪颖非凡，有神童之称，成年后又得中进士，博览群书，因而出自他手的《蒙养故事》自然具备很高的知识性和哲理性。

《蒙养故事》出版后，明代的另一位学者杨臣铮认为其"有裨幼学"，但过于简略，且注解上也有不少错误，于是大加补充订正，将修订完成的书改名为《龙文鞭影》。此后又有多人对其进行校对增减，经过不断的增补、订正、充实，最终才形成了后世流传的版本。

在传统蒙学史上，《龙文鞭影》起着承前启后、由浅入深的作用。相较于《三字经》《千字文》等读物，它增添了不少人物典故和神话、小说、笔记，包含的内容更丰富，涉及的知识更广泛，是一部集自然知识、历史典故于一体的骈文读物，能为儿童以后阅读更复杂的书籍（如四书五经）和写作打下坚实的基础。

五、浓缩型纪传体历史读本——《五字鉴》

一提到中国的历史，作为中华儿女的我们无一不从内心深处产生深深的敬仰之情，五千年的历史是值得我们自豪的，而在这浩瀚的历史长河中中国所经历的种种更是我们应当铭记于心的。《五字鉴》是一本浓缩型的历史读本，借由精练的文字带着我们领略中华民族数千年的光阴变化。

《五字鉴》原名《鉴略》，作者据说是明末学者李廷机。李廷机是我国历史上有名的贤臣，他少时多学，得中进士后走上仕途，相传其应试曾获"顺天乡试第一""会试复第一"，以进士第二的成绩被授编修，后受皇帝重视，累官至礼部尚书兼东阁大学士，入内阁参机务。为官期间，李廷机清正廉洁，刚正不阿，以"清、慎、勤"著称。

《五字鉴》全文万余字，共六卷，格式上大体上是五言韵文的形式，内容上主要叙述了从上古到明代的历史。它以历史上的重大事件为要点，按照时代的顺序，将我国上自远古传说、下至元明的社会历史，进行了简单扼要的总述和概括，语言简单、意思明了，节奏流畅、易读易记，十分适合儿童阅读和记忆。

《五字鉴》的特别之处有两点：一是相较于其他历史类蒙学书籍，《五字鉴》涉及的历史事件更为丰富，比如《秦纪》中就包括不韦献姬、焚书坑儒、火烧阿房、指鹿为马、鸿门之宴、圯上纳履、胯下受辱、寄食漂母和霸王别姬等历史故事，且在叙述上能做到要言不烦，既能把历史事件说明白又不显得啰唆；二是它在正史之外还广泛收录了神话、传说和一些逸闻趣事，为内容增添了故事性和趣味性，便于激发孩子的阅读兴趣。

提到《五字鉴》时，清人翻刻者邹梧桐曾评价道："有明李廷机先生，胸罗全史，手著《鉴略》，自皇古以乞宋元事迹，举其大纲，略其小目，俾读者开卷了然，俨与历世受命之主，赓扬一堂；更可喜者，句调叶律，有类诗歌，与人可诵可读，一部二十一史之要领也。"邹梧桐认为《五字鉴》称得上一部二十一史，从上古至宋元，大事俱全，且语句有韵律，类似诗歌，可诵可读。从这样的评价亦可看出《五字鉴》的别具一格之处。

《五字鉴》行文言简意赅，叙事条理分明，曾是旧时私塾的必学教材。在私塾蒙馆念过书的人，大都读过此书，他们学习历史，就是从这本书开始的。

六、流行于书院、村塾的《四字鉴略》

> 泱泱大国,浩瀚历史,非一语两言就能说尽。同《五字鉴》一样,《四字鉴略》也是一本介绍中国历史演变、朝代更替的书籍,是儿童学习历史的启蒙读物。

《四字鉴略》成书于清代顺治年间,作者是当时江苏南京的进士王仕云。从某种程度上来说,《四字鉴略》的诞生与《五字鉴》有着密切的联系。

明万历年间,李廷机的《五字鉴》一经问世就受到了广泛欢迎,迅速在书院、村塾流传开来。此后,不少致力于教育的文人也都希望能编纂出类似的蒙学读物,王仕云就是其中一位。王仕云在仔细研究过《五字鉴》之类的书籍后,运用自己的学识又着手编纂了一本讲述中国通史的书,名为《四字鉴略》。

所谓《四字鉴略》,就是以四字韵文的形式简单概括历史发展的文章。《四字鉴略》全文3200余字,以四言为一句讲述历史大事件,相比于《五字鉴》更为简洁,也更容易诵读。在内容上,《四字鉴略》也是以历史人物与政治、军事大事件为主,并同时收录有传说性的故事,比如"盘古开天辟地""太昊伏羲创八卦""神农尝百草艺五谷"等,将上至太古下至清代顺治年间的社会历史进行了逐一概括,语言简略、意思明了,可使人快速了解中国历史演变的大致情况。

如"猗欤商汤，解网三面。用宽代虐，刑儆风愆。铭盘惕己，铸金救黔。大旱躬祷，六事格天。元孙太甲，颠覆典刑。放桐自艾，归亳称明。太戊修德，祥桑枯殒。祖乙盘庚，继世贤君。传至武丁，恭默思道。卜相得说，鼎耳雊鸲。反己修德，商道中兴。数传至纣，暴与桀增。宠溺妲己，酒池肉林。诛忠囚善，炮烙严刑。历六百年，二十八君。天命既改，商祚告终"，这一段短短一百余字就写明了殷商建立至灭亡的六百年时间里发生的重大事件，并写明了其灭亡的直接原因是纣王的暴虐无道。可见，《四字鉴略》在概述历史发展的同时也会传达一些经验和教训，以便警示后人。

与《五字鉴》不同，《四字鉴略》侧重于记述政治、军事大事件，与国家兴亡朝代更替无关的内容略而不书。依据这一脉络，汇集了大量的历史和人文知识，并利用逻辑关系赋予一些说理性。

《四字鉴略》出版后也很快赢得了读书人的喜爱，并在各个私塾、学堂流行起来，成为学生的历史启蒙读物。如今我们所使用的《四字鉴略》较原本是有所改动的，比如最后一句"辛亥革命，帝制告终"就是民国翻本增加的内容。

第七章

杂：常识教育与知识科普

一、儒家士子入门读本——《小学》

在中国漫长的封建社会历史中，以孔子为代表的儒家思想始终有着显著的影响，并居于主导地位，可以说儒家学说是中华传统文化的主流和重要组成部分。《小学》便是一部以宣传孔孟之道为主要目的的小学教材，也因此被称为"了解中华传统文化的入门书"。

《小学》成书于南宋，一般认为其作者是南宋著名的理学家朱熹，但实际上这部作品是朱熹与其弟子刘清之合编的。

朱熹编纂《小学》，是立足于他对教育的认识之上的。朱熹曾将教育分为"大学"和"小学"两个阶段。他说："大学者，大人之学也。古之为教者，有小子之学，有大人之学。"在朱熹看来，人生按照年龄和智力程度的不同可分为两个阶段，这两个阶段应当施以不同的学习内容和培养要求，这样才能顺应人的成长，达到好的教育效果。

朱熹对于小学阶段的教育是非常重视的。鉴于古人身体和智力发展的具体情况，朱熹将八岁到十五岁列为小学阶段，认为其教学内容应该是"学其事"，也就是从诸如洒扫的日常家务、进退的基本礼仪开始，进行伦理道德教育，进而学习诗、书、礼、乐之文，即"人生八岁，则自王公以下，至于庶人之子弟，皆入小学，而教之以洒扫、应对、进退之节，礼、乐、射、御、书、数之文"。

朱熹希望通过这样的教育，使得孩童懂常识、明事理，将伦理纲常融于

第七章 杂：常识教育与知识科普

日常行事中，进而形成封建教育所要培养的人格。基于此，朱熹编纂了《小学》。

《小学》全书共六卷，约万余字，共三百八十五章，分内外两篇。内篇有四个纲目，分别为《立教》《明伦》《敬身》和《稽古》；外篇分两部分，一是《嘉言》，二是《善行》。稽古、嘉言和善行，均各有立教、明伦、敬身三纲目。

在内容的编排上，《小学》主要是记录古代圣人贤者的"嘉言懿行"，"稽古"记载的是夏商周三代圣人贤者的事迹，"嘉言"和"善行"则包含了汉以后贤能之士的言行事迹，涉及君臣、夫妇、长幼、朋友、心术、感化、饮食、服饰等多个方面。

朱熹认为，小学教育的最终目的是让学生"明伦"，因此在《小学》一书中，"明伦"是最重要的部分。何谓"明伦"？伦即伦理纲常，明伦便是明人之伦，便是明父子之亲、君臣之义、夫妇之别、长幼之序、朋友之信。在朱熹看来，人之伦理如果不明，就会导致尊卑上下等级关系混乱，不利于社会和国家稳定。这其实是对封建等级制度和君王专制制度的维护，也是我们今天应该批判的部分。

当然，除去其糟粕外，我们更应该继承和发扬它的优良成分。《小学》引用了许多人物格言故事，通过营造生动的情境让学生体会气节、品德、意志的重要性，列出具体的形象给学生树立榜样，使学生即读、即教、即知、即行，达到"习与智长，化与心成"的效果。

二、值得称道的常识教材——《名物蒙求》

《名物蒙求》是介绍名词和事物的启蒙书籍，意在让儿童获得丰富的常识和基本的生活经验，这些是早期教育中最具实用性的内容。《名物蒙求》在古代乡塾蒙学教育中起到过积极的作用。

《名物蒙求》是一本专门为儿童编纂的常识类教材，成书于南宋，作者是方逢辰。方逢辰是南宋时期著名的教育家、政治家，他少时跟随父亲习字学文，表现出非凡的才赋。宋理宗淳祐十年（1250），方逢辰得中进士第一，走上仕途。

方逢辰平生以格物为究理之本，以笃行为修己之要，读书有法，劝戒有条。凡他所到之处，无不以教务为先，是南宋著名教育家，人称"蛟峰先生"。

《名物蒙求》正是方逢辰在学堂授学时写成的幼儿读物。该书以介绍自然和社会的各种名物知识为主要内容，包括山川地理、日月星辰、草木鸟兽、宫室器物、庄稼植物、人事称谓等多个方面，但内容广而不繁，全文仅2720字。

天尊地卑，乾坤定位。轻清为天，重浊为地。丽乎天者，日月星辰。润以雨露，鼓以风霆。云维何兴？以水之升。雨维何降？以云之蒸。阳为阴系，风旋飙回。阳为阴蓄，迸裂而雷。惟霁斯虹，惟震斯电。散为烟霞，凝为雹霰。日中则昃，月满则亏。往来进退，消息盈虚。时乎阳明，宇宙轩豁。白日青天，光风霁月。时乎阴浊，霾雾混茫。曦娥受曀，彗孛生芒。是以圣人，抑阴崇阳。

以上是《名物蒙求》的部分原文，从中我们不难发现，《名物蒙求》采用的是四言叶韵，四字为一句，两句为一组，两句或两组相互对仗，读起来极富节奏感。并且，其中含有不少复杂生僻的字词，这也表明《名物蒙求》在普及名物常识的同时，还兼有教育识字的功能。

天上的日月、星云，地上的山川、河流，奔跑的动物，静立的树木……这一切对于刚刚接触世界不久的幼童来说，都是十分新奇的。而了解这些事物的名字，正是他们认识和探索世界的开始，因此可以说，常识类教育是早期教育中很重要的一环。

作为古代众多常识类教材中质量较高的一部教材，《名物蒙求》在常识类教学的过程中起到了不可忽视的作用。它就像一个小小的引路人，牵着孩子们稚嫩的小手，带着他们饱览世间万千的事物，最终踏上新的征途。

三、心性修养手册——《幼仪杂箴》

坐、立、行、寝，这些看似简单普通的日常行为，实际上对人的成长发展有着很大的作用。《幼仪杂箴》这本书便是从这些普通得不能再普通的行为入手，给孩童们提供了一系列特殊的关乎修养心性的方法。

《幼仪杂箴》的作者是方孝孺。方孝孺是明代官员、学者，他自幼聪慧机警，敏而好学，有"小韩愈"之称，长大后拜在大儒宋濂门下，所具学识令同门自叹不如，极为同辈人推崇。方孝孺一生以儒家圣贤自视，常以"宣明仁义治天下之道，达到时世太平"为己任，并为此撰写了不少诗歌文章来阐述自己的观点，这些作品绝大部分都被收集在《逊志斋集》中，《幼仪杂箴》就是其中之一。

《幼仪杂箴》的序开门见山地指出："道之于事，无乎不在。"方孝孺把古之圣贤作为表率，尊崇古礼，热衷于学道修德，期许着有朝一日能恢复周礼，达到以仁义治国的太平盛世。其著作《幼仪杂箴》的目的就在于将"通过修养心性成为'明王道'的君子，进而恢复周礼以致太平"的思想灌输到童蒙教育中，使得幼童从小就具备修德的意识，并掌握一定的方法。

《幼仪杂箴》共列了坐、立、行、寝、揖、拜、食、饮、言、动、笑、喜、怒、忧、好、恶、取、与、诵、书二十项，作者以日常生活的一言一行、一举一动为载体，将修身养性的内容和方法融入其中。

在方孝孺看来，修养心性就是从最基本的日常行为开始的，一个人的坐

第七章 杂：常识教育与知识科普

立之姿就能反映他的精神品德。例如，坐时"背欲直。貌端庄，手拱膝。仰为骄，俯为戚。毋箕以踞，欹以侧"可培养"坚静若山"的心态；立时"手之恭也如翼。其中也敬，而外也直。不为物迁，进退可式"则能培养屹然不动的精神。其他的言谈举止也是如此。儿童们明白了这些，并且能在日常生活中有所规范，就表明他们已经具备了修德养性的意识。

当然，规范这些言行举止的根本还是在于对"礼仪"的重视。作揖时的姿态、交谈时的仪容等在不同的场合、不同的人面前都是不同的，这就是礼数。在方孝孺看来，一个不懂礼数的人，德行修养也不会高到哪里去，这实际上反映了方孝孺尊卑有序的思想。

除此之外，《幼仪杂箴》对宋明理学"存天理、灭人欲"的主张也有体现，对儒家的仁义之道也有所阐述。

如在论"动"时，它的具体内容是这样的："吾形也人，吾性也天。不天之抵，而人之随。徇人而忘反，不弃其天，而沦于禽兽也，几希！"意思是，人之形体是人，本性则是天理，如果不追寻天理只追求形体，便和禽兽没有两样了。

关于"仁义"，《幼仪杂箴》是这样说的："彼受为义，吾施为仁。"从取和与的角度论述了仁义为何。如果给予他人东西，但却陷人于不利，虽是出于好心但却不是仁义之举，只有双方都受到惠利才算得上仁义。

总之，《幼仪杂箴》所提供的修养之道是渗透到了平常生活中的，要求人们在坐卧俯仰之间都要左右揣摩、细细思虑。这种对于行为过于看重、对于古礼过于推崇的态度，在如今看来似乎有些迂腐，不过其中对坐、立、行、走等日常行为的规范仍是具有学习价值的。"站有站相，坐有坐相"，不管到何时都是需要注重基本礼仪的。

四、《幼学琼林》——中国古代百科全书

古人有云，读了《增广》会说话，读了《幼学》走天下。这是对《幼学琼林》最为贴切的评价。在中国古代众多的幼儿启蒙读物中，《幼学琼林》称得上非常经典的一部，可与《三字经》齐名。

《幼学琼林》，本名《幼学须知》，也称《成语考》《故事寻源》。最初为明末学者程登吉编撰，清人邹圣脉作了增补，将其改名为《幼学琼林》，也叫《幼学故事琼林》。

《幼学琼林》共23000余字，是用骈体文写成的，全文皆是对偶句式，句子有四言、五言、七言等，文字简练，对仗工整，韵律和谐，便于诵读，容易记忆。

《幼学琼林》包含的内容非常丰富，几乎涵盖了社会的方方面面，包括了过去人们日常生活中较常用的知识与词汇，它也因此被称为中国古代的百科全书。全书共有四卷，卷一，天文、地舆、岁时、朝廷、文臣、武职；卷二，祖孙父子、兄弟、夫妇、叔侄、师生、朋友宾主、婚姻、女子、外戚、老幼寿诞、身体、衣服；卷三，人事、饮食、宫室、器用、珍宝、贫富、疾病死丧；卷四，文事、科第、制作、技艺、讼狱、释道鬼神、鸟兽、花木。

《幼学琼林》的最大作用在于能让儿童快速理解和掌握大量的成语典故，并学会运用。《幼学琼林》对很多成语的出处作了简单而有趣的介绍，比如"蓬荜生辉""相敬如宾""举案齐眉"等，可以让孩子在理解的基础上去记

第七章 杂：常识教育与知识科普

忆，从而掌握得更加牢固，积累更多写作素材。

由于书中内容涉及的范围非常广泛，通过阅读《幼学琼林》，孩子们也可以了解到中国古代的著名人物、天文地理、典章制度、风俗礼仪、婚丧嫁娶、饮食器用、宫室珍宝、文事科第、释道鬼神等诸多方面的内容，进而丰富自己的常识，为学习更高难度的内容打好基础。

以地理知识为例。《幼学琼林》在写南京时写道："南京原为建业，金陵是其别名"，知道了"南京就是金陵"这一知识点，再读到李白的《登金陵凤凰台》时，就能马上想到李白所说的是南京了，有助于更好地理解诗歌的内容和作者的思想情感。

此外，《幼学琼林》还有很多语句带有深刻的哲学道理，如"命之修短有数，人之富贵在天""惟君子安贫，达人知命"，可以让人们获得启发或思考。其中一些语句经过历代传颂成了经典的警示名言。

当然，同其他古书一样，《幼学琼林》也不可避免地会存在腐朽、过时的东西，如"三从四德""忠君思想"等，对于这些我们只需舍弃便可。

有人说，对于幼童而言，《幼学琼林》就像一条长长的满是风景的小路，走在其上，如同置身于中华民族绚丽的文明长廊中，可以获得充足的文化滋养。